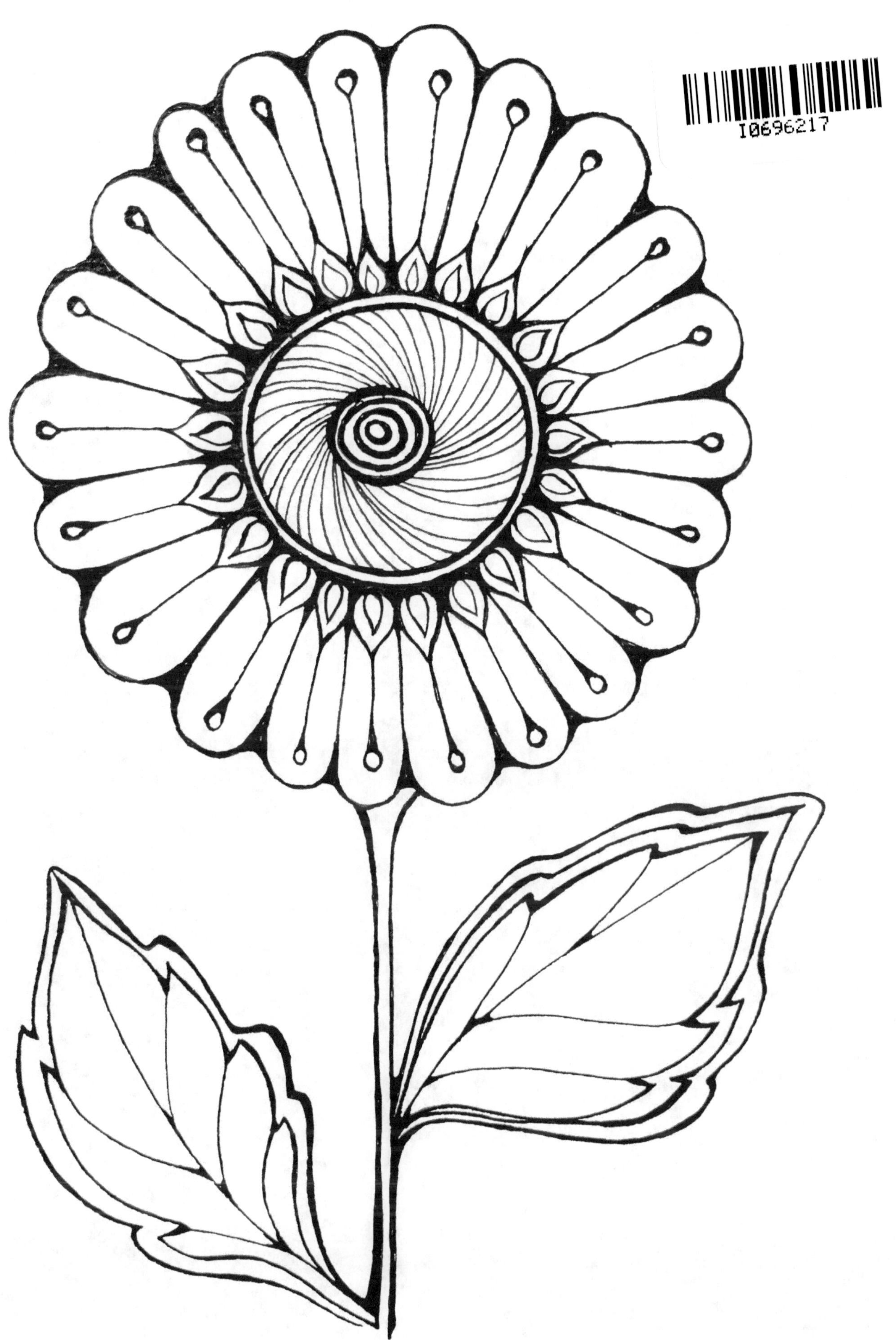

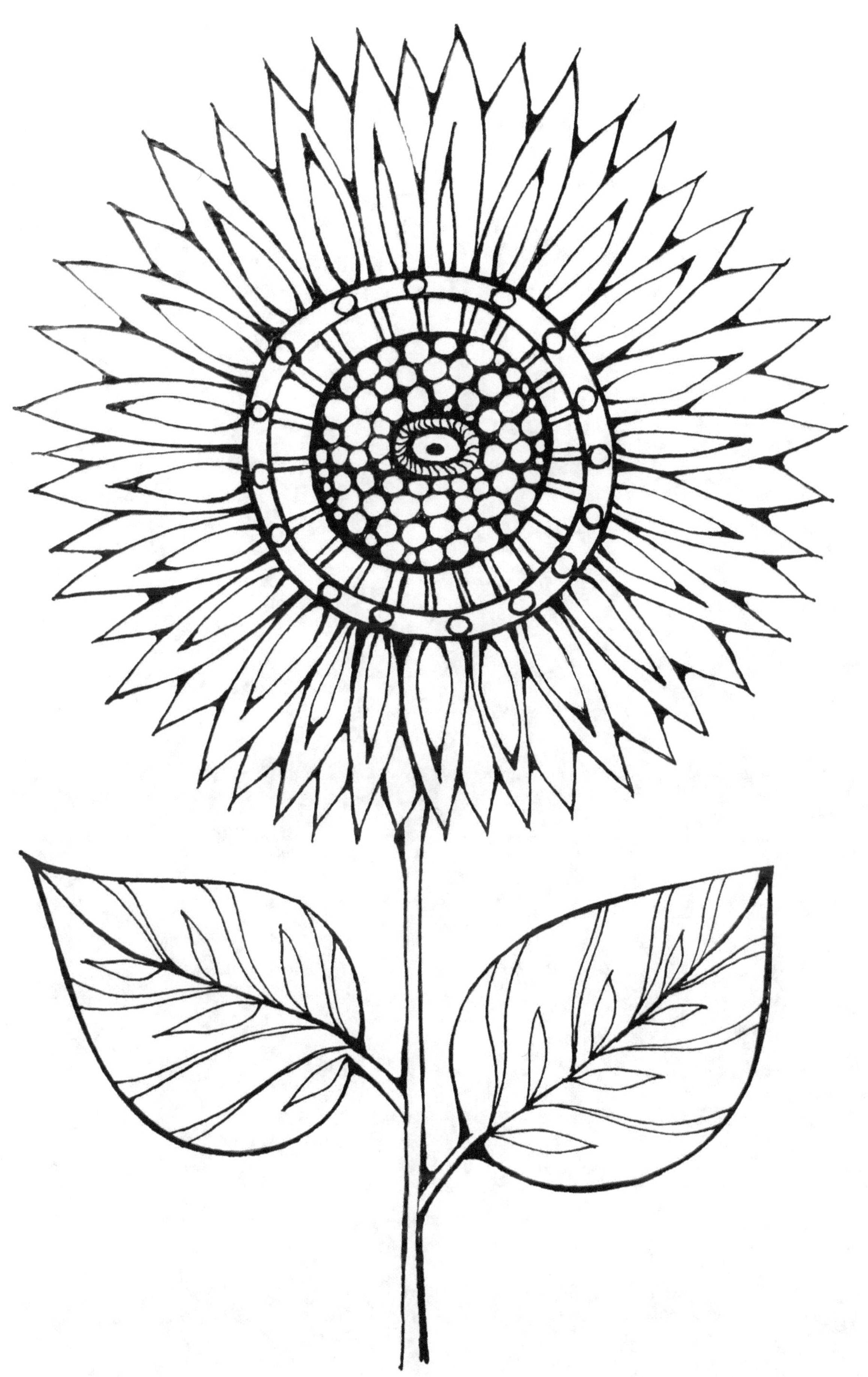

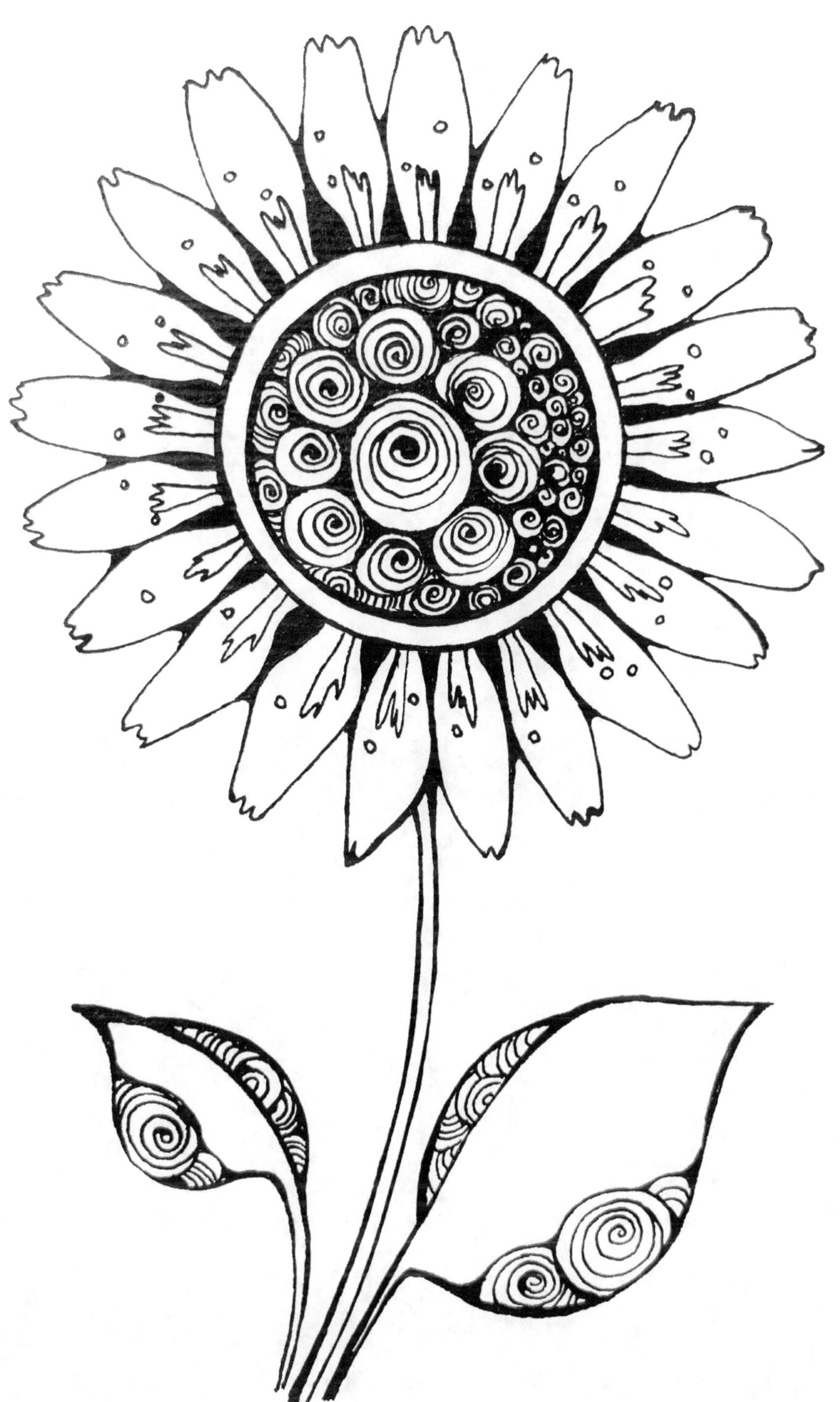

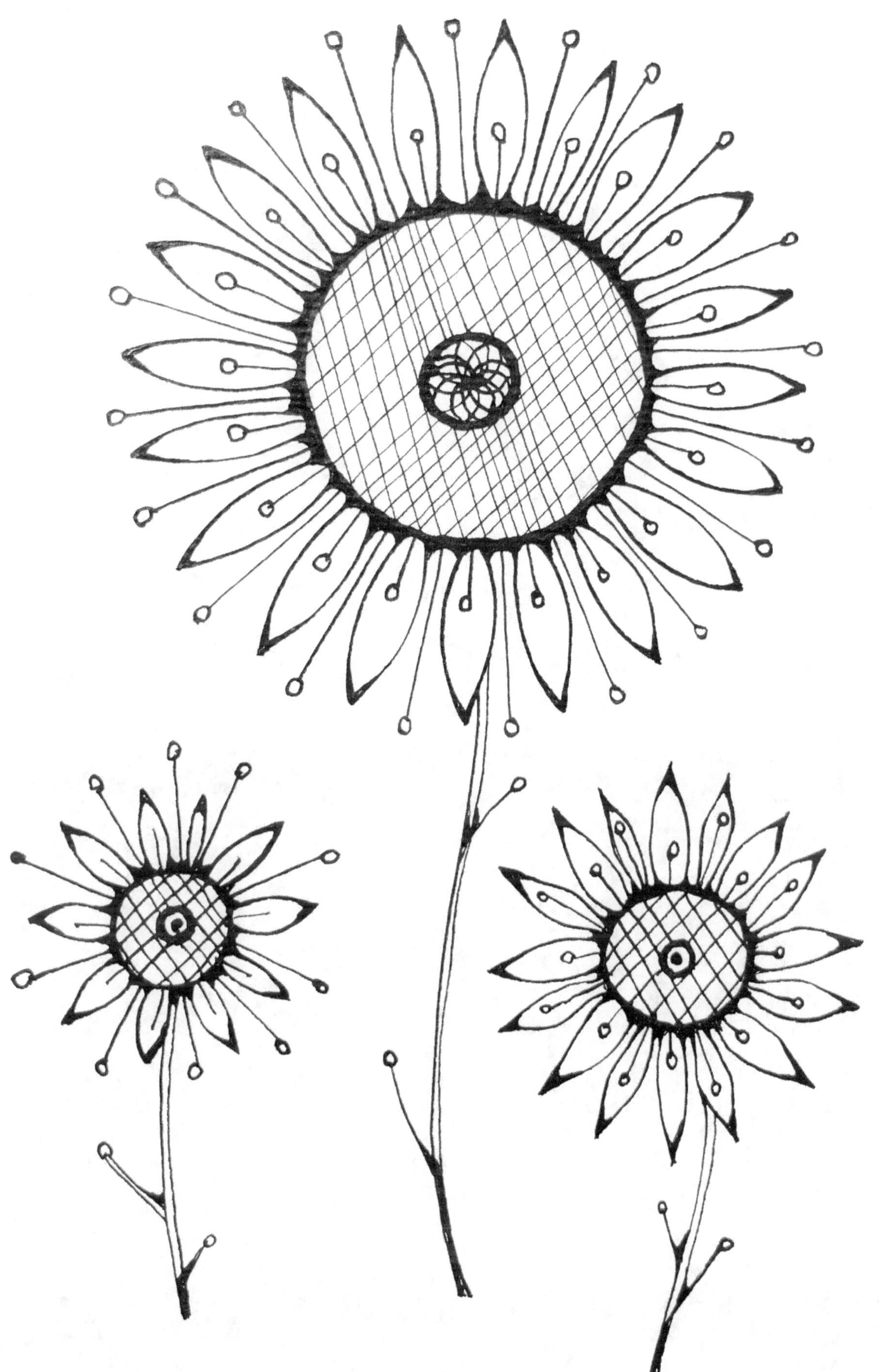

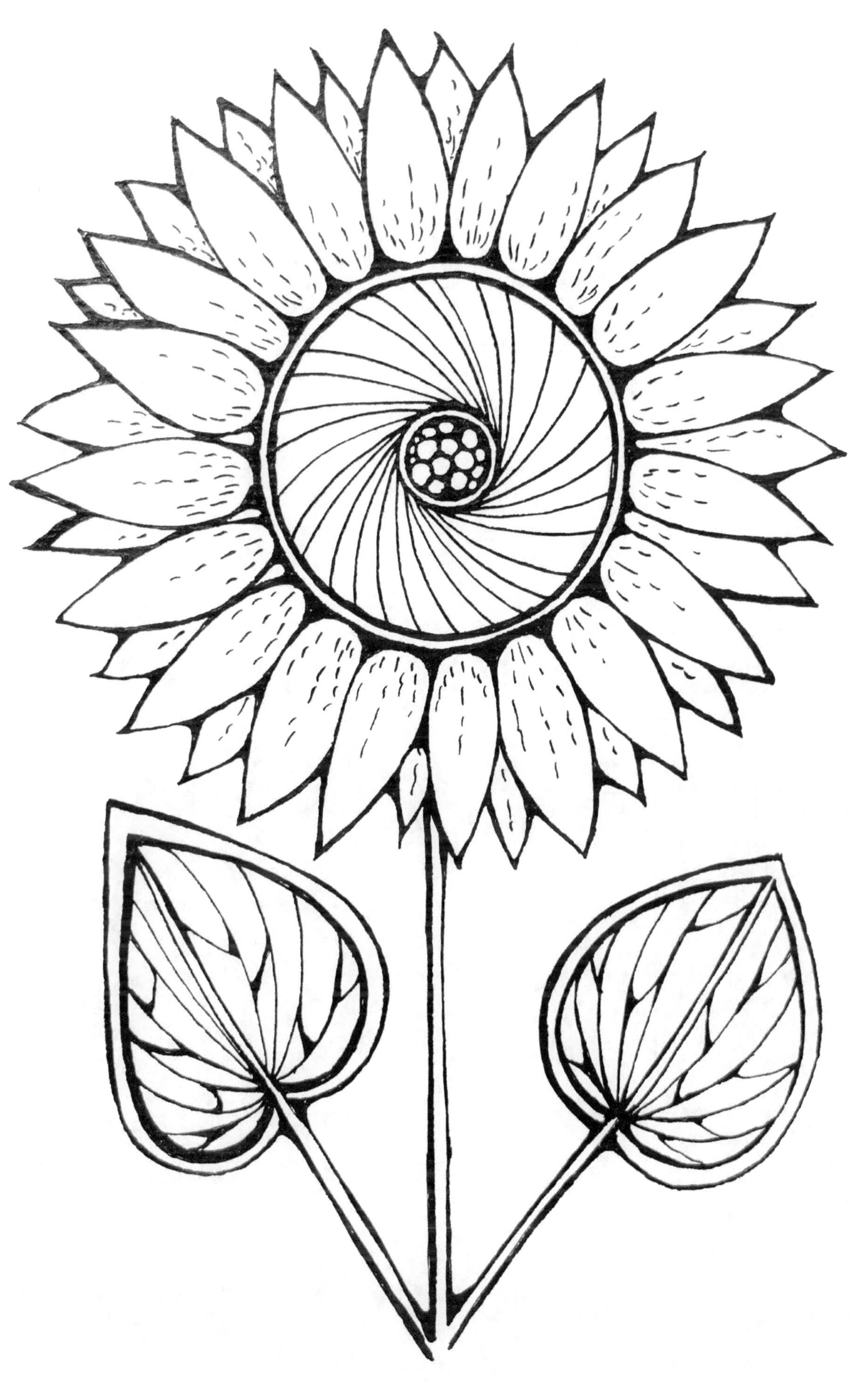

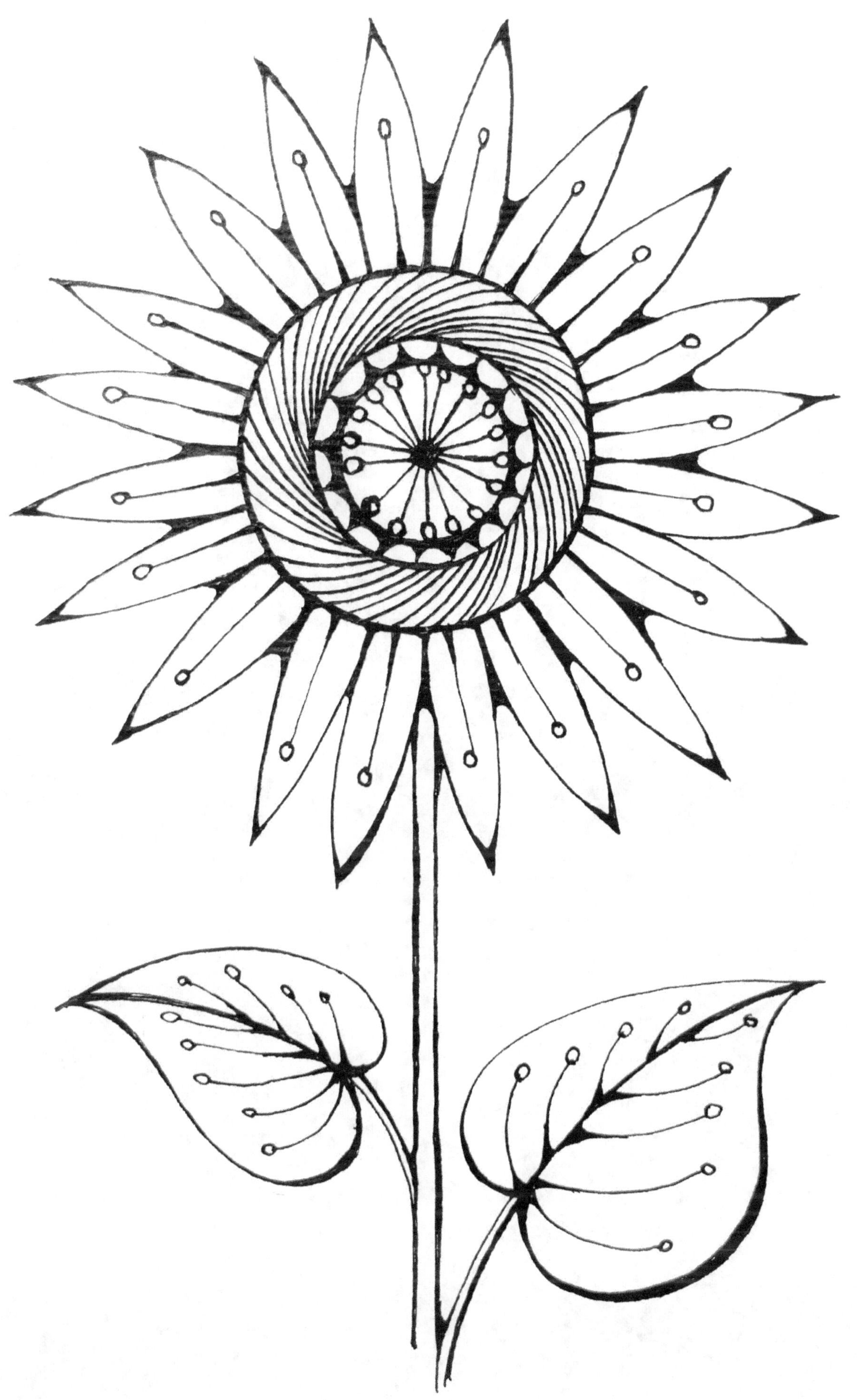

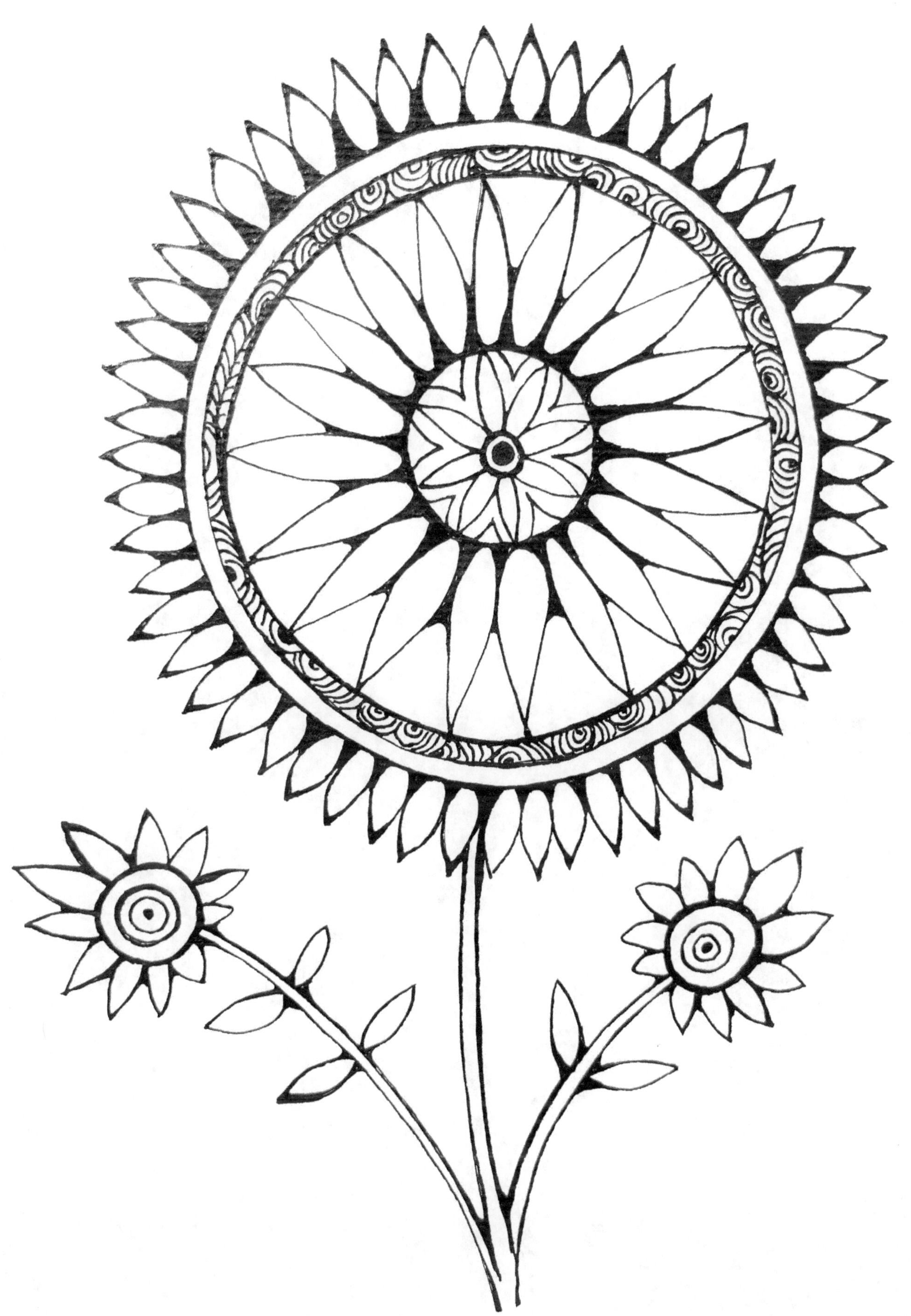

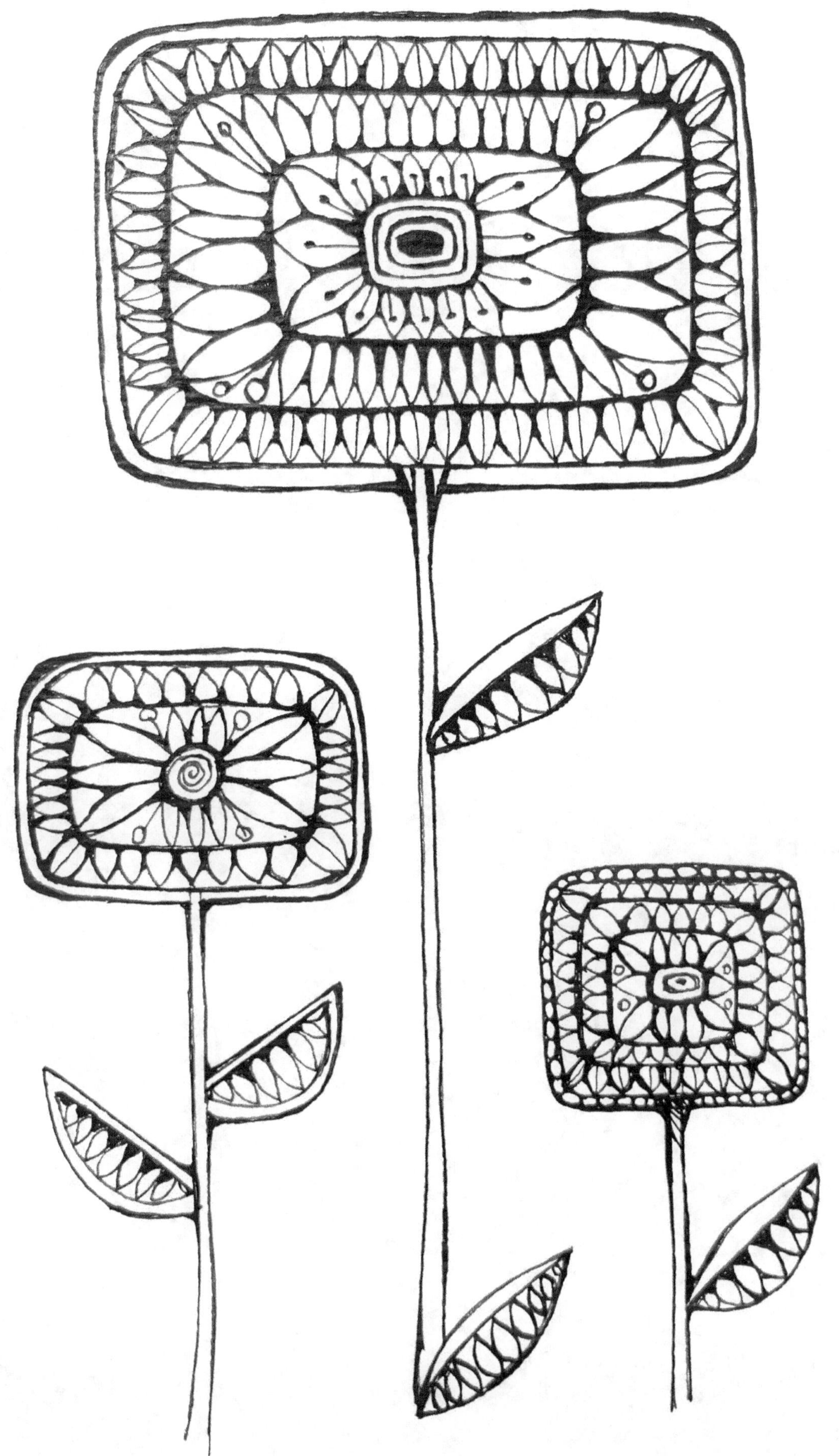

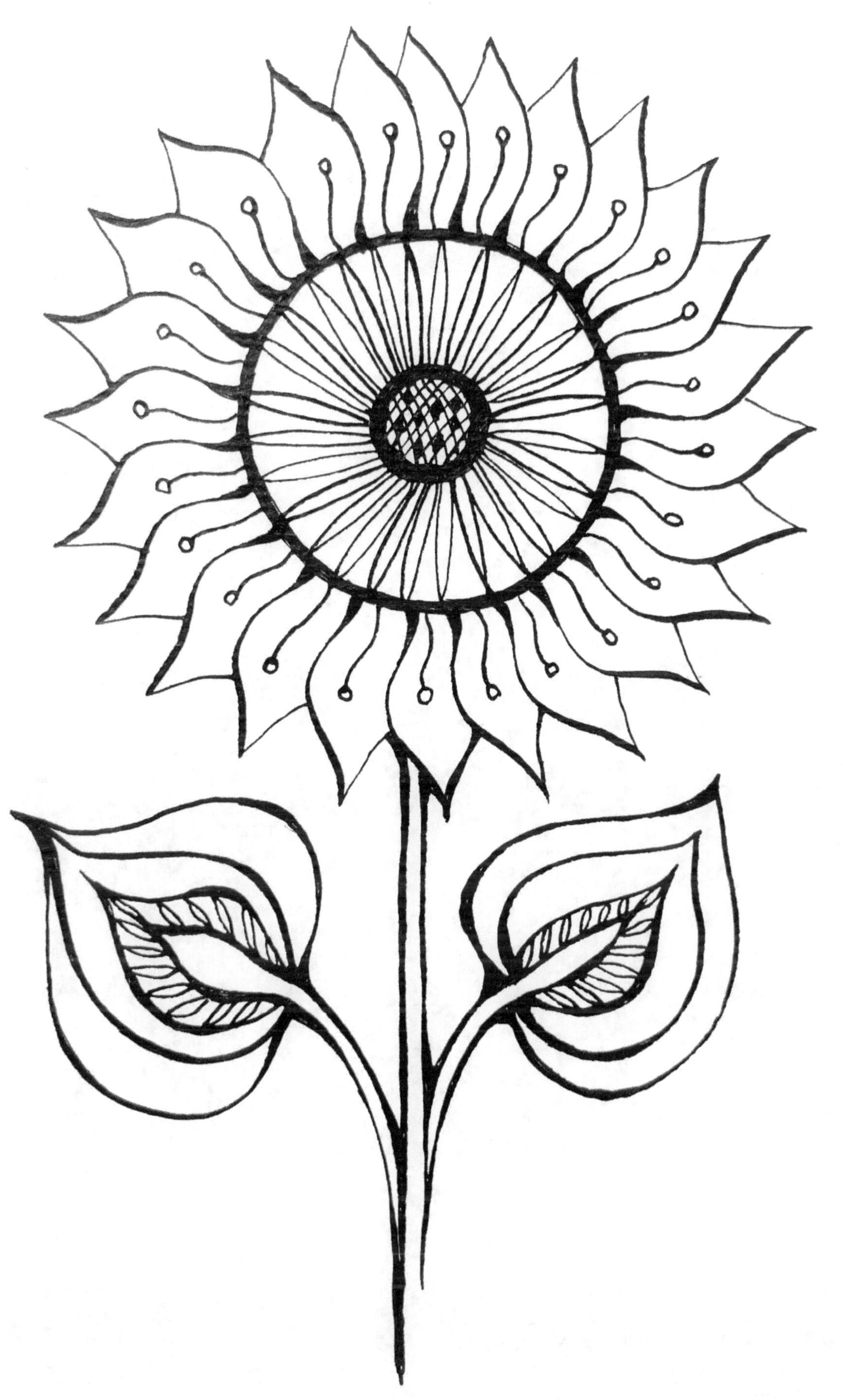

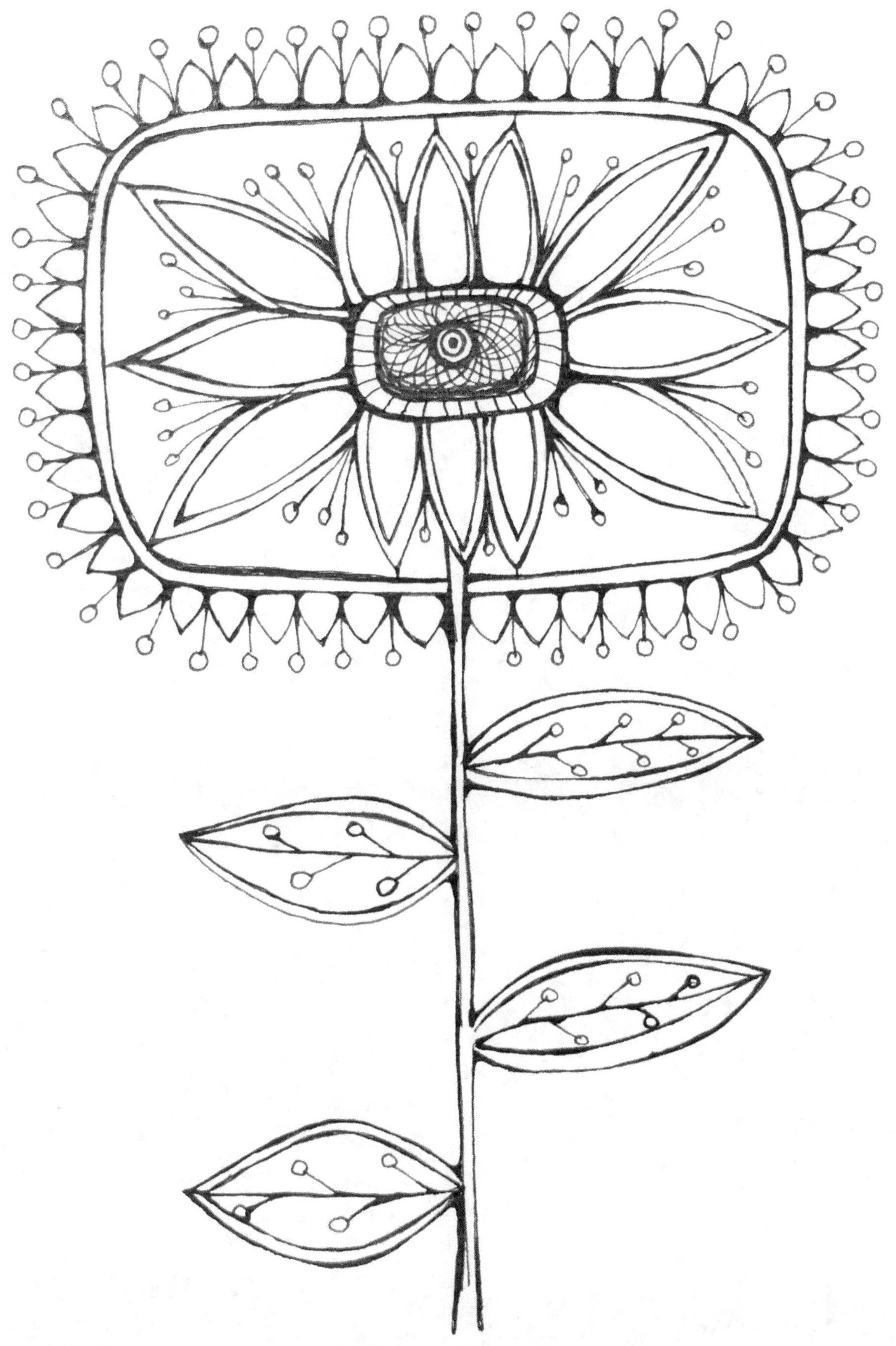

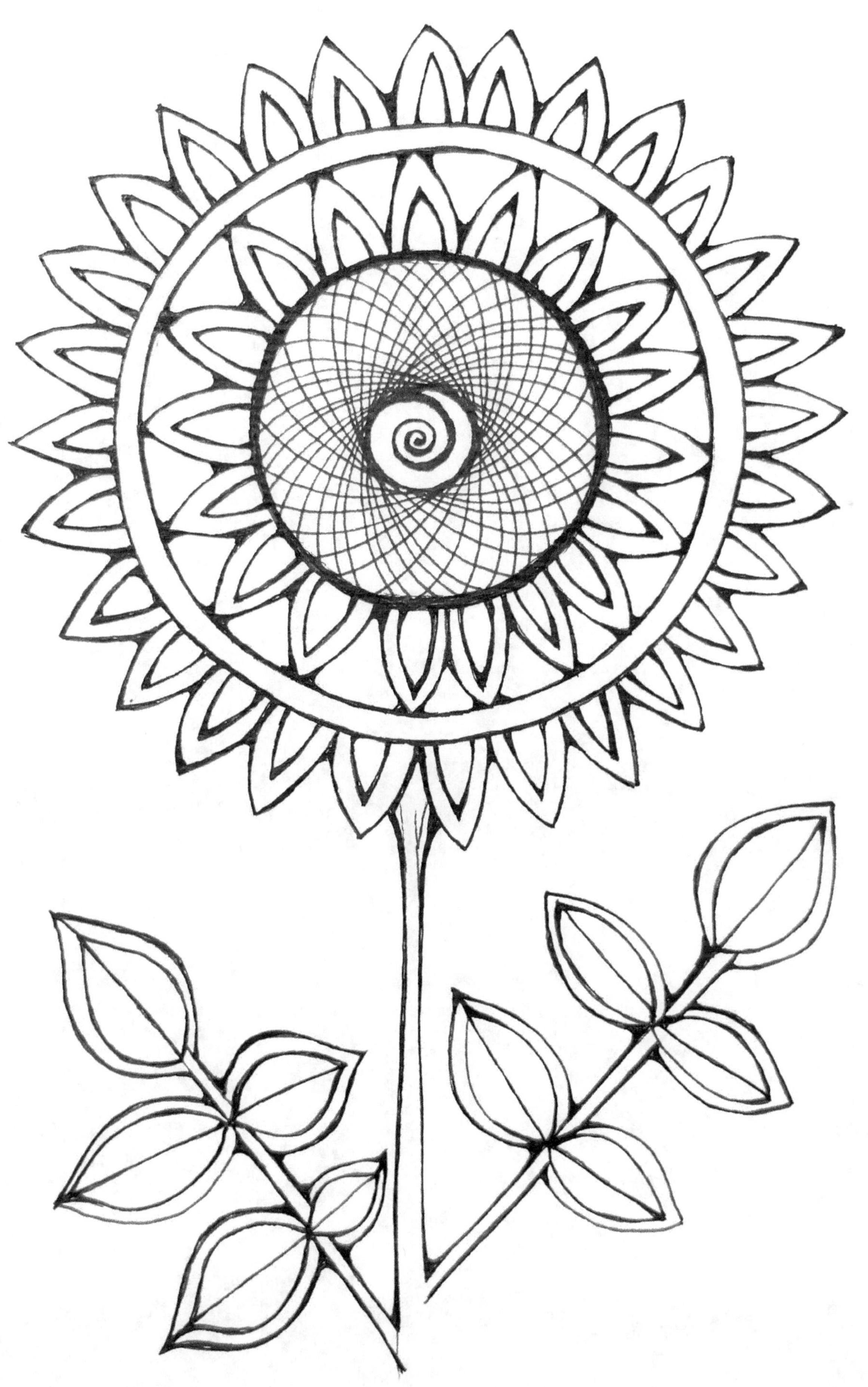

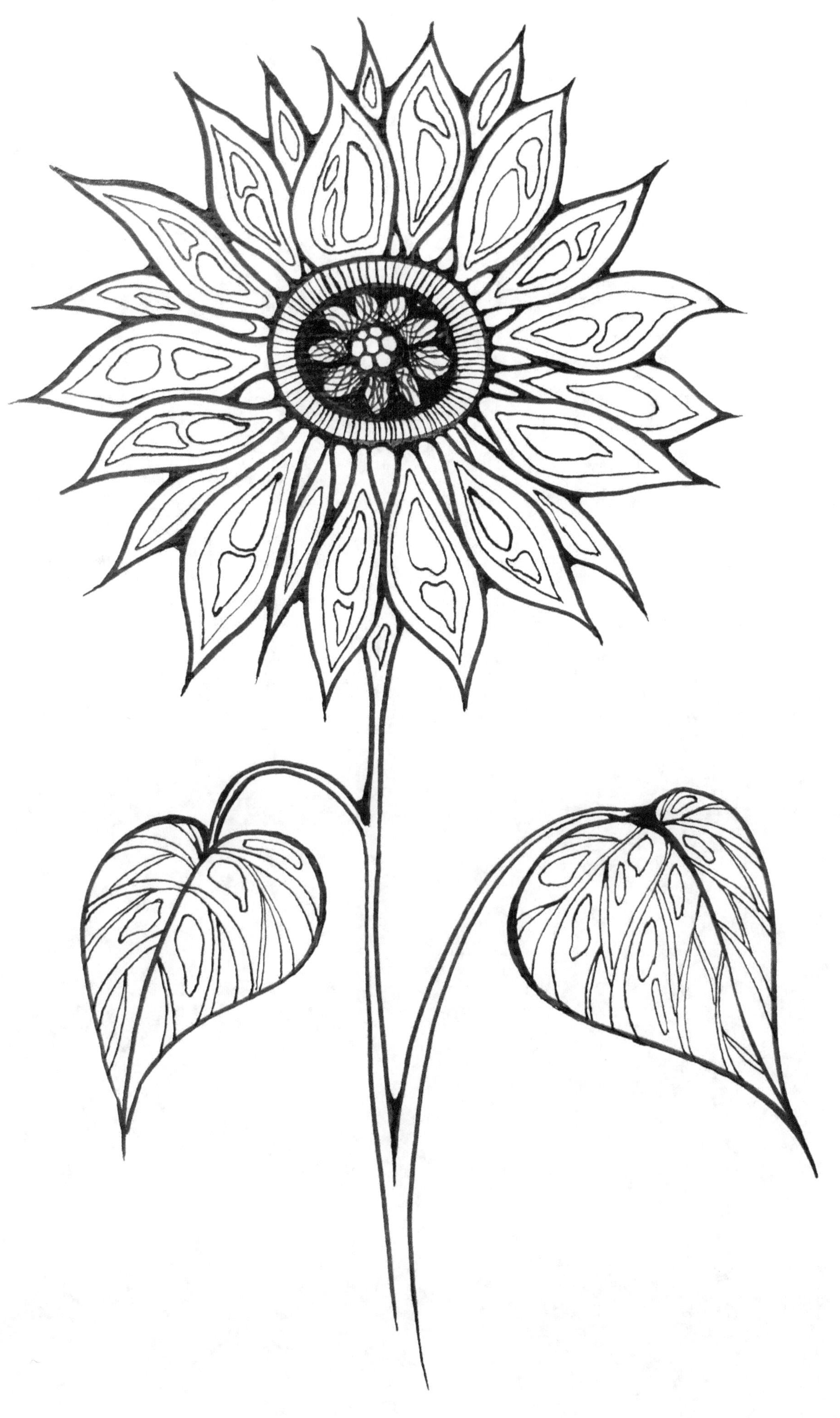

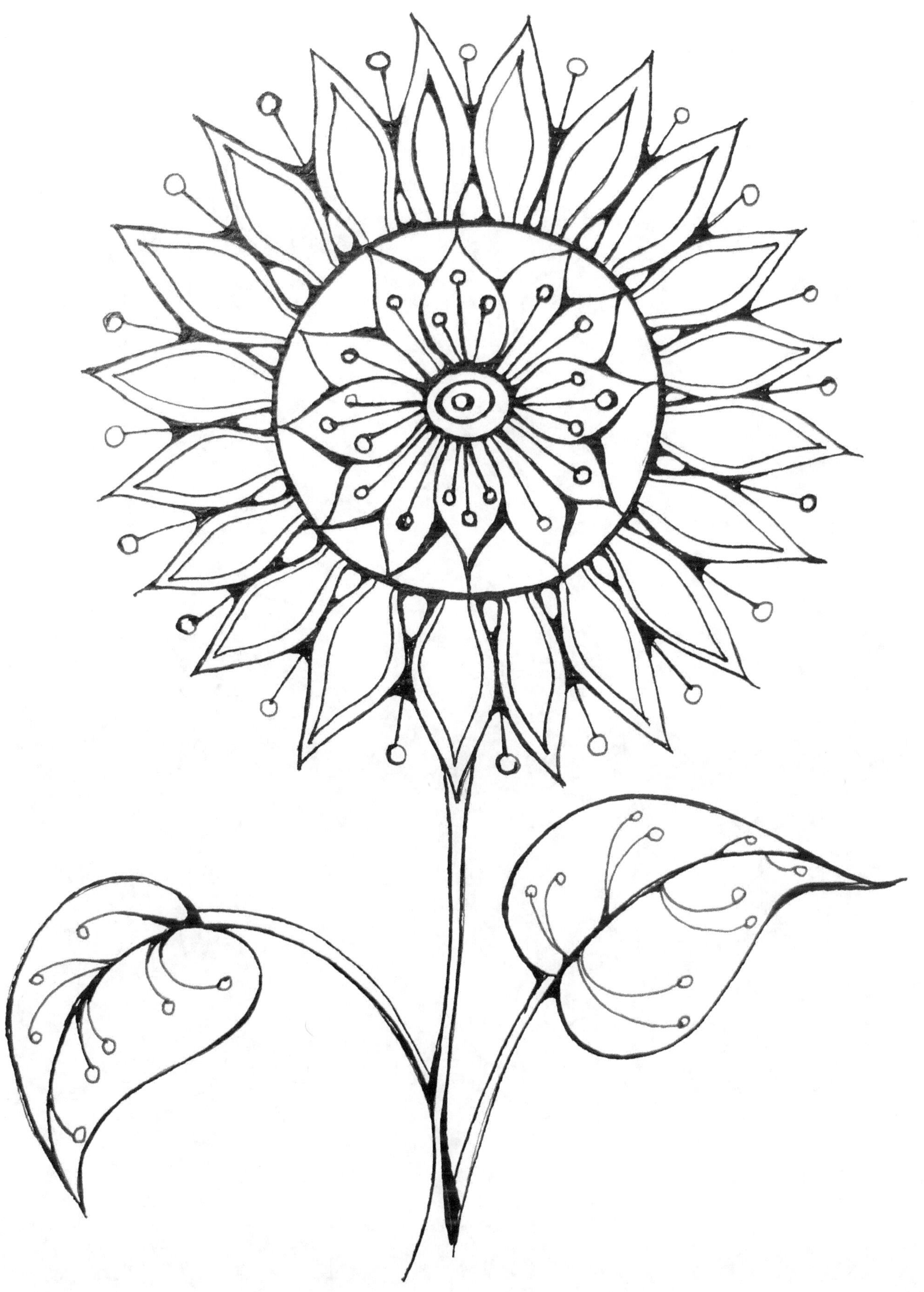

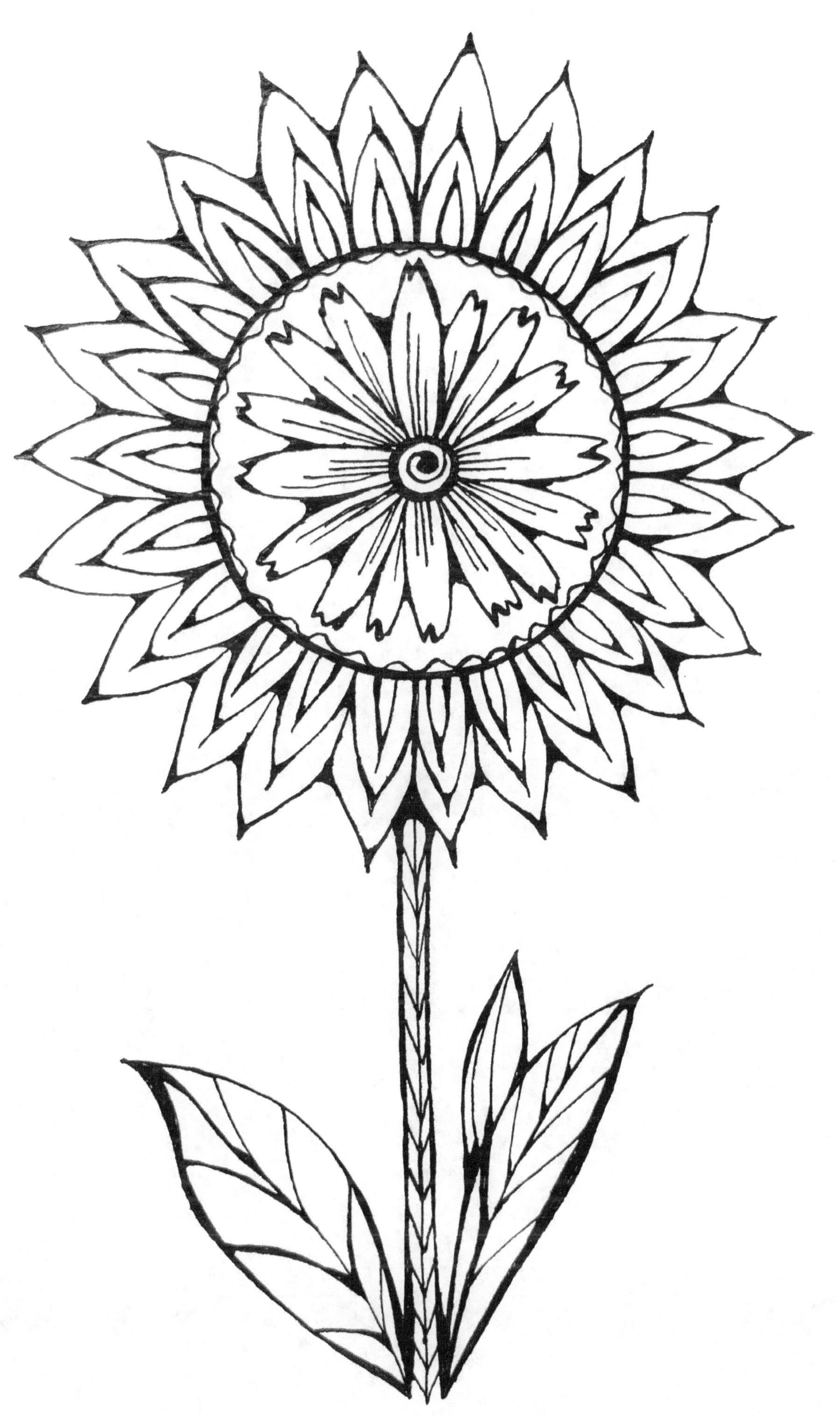

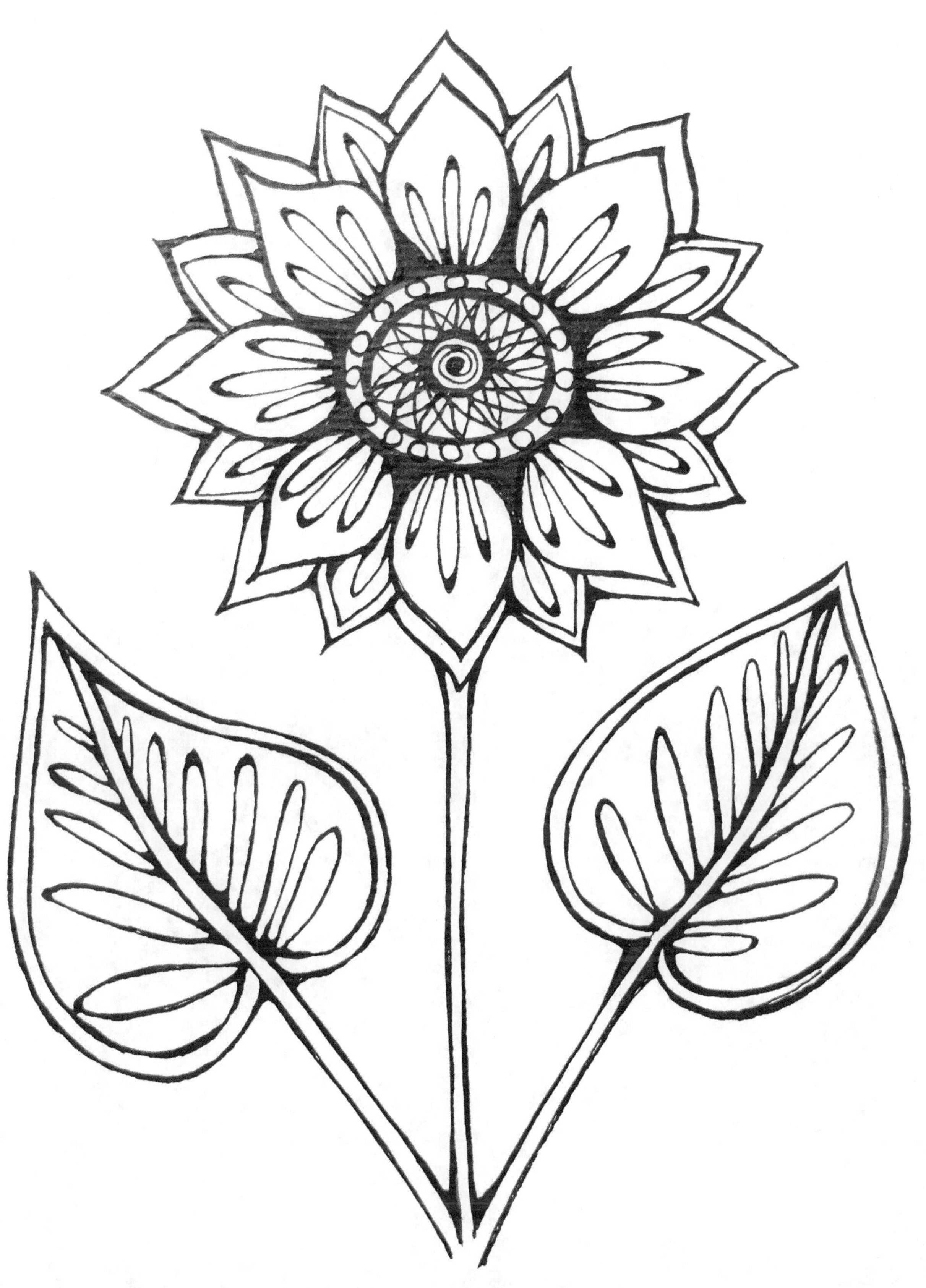

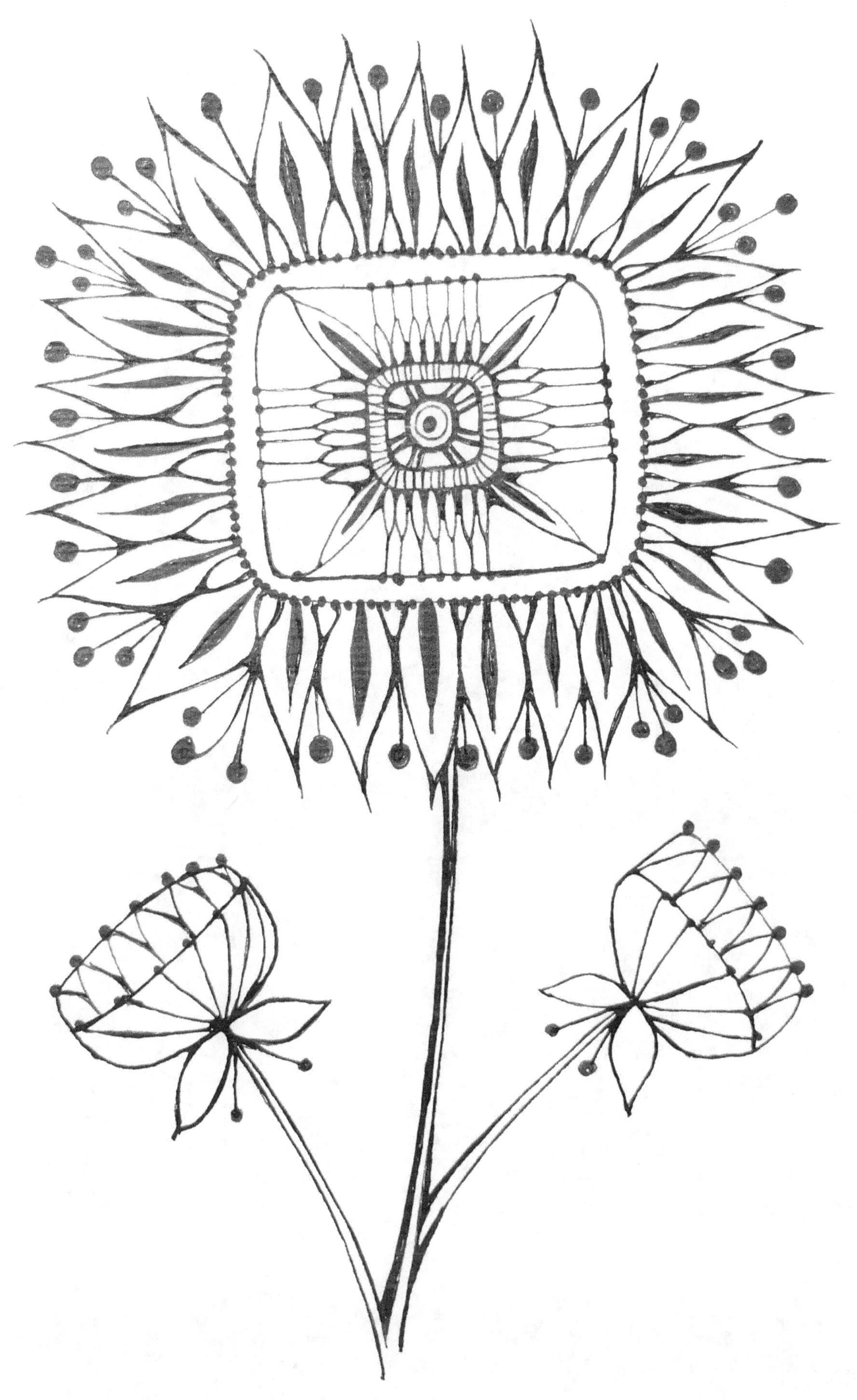

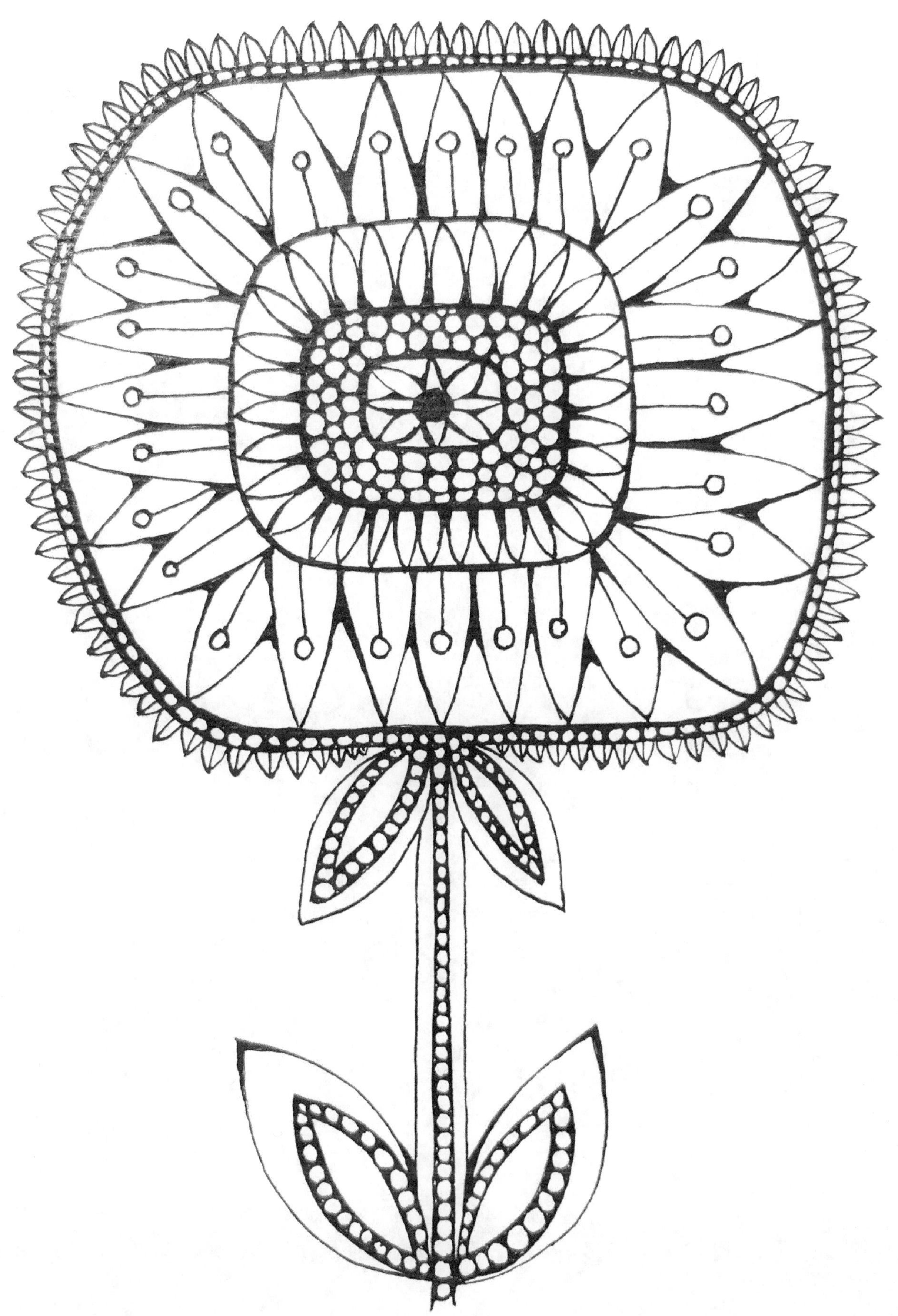

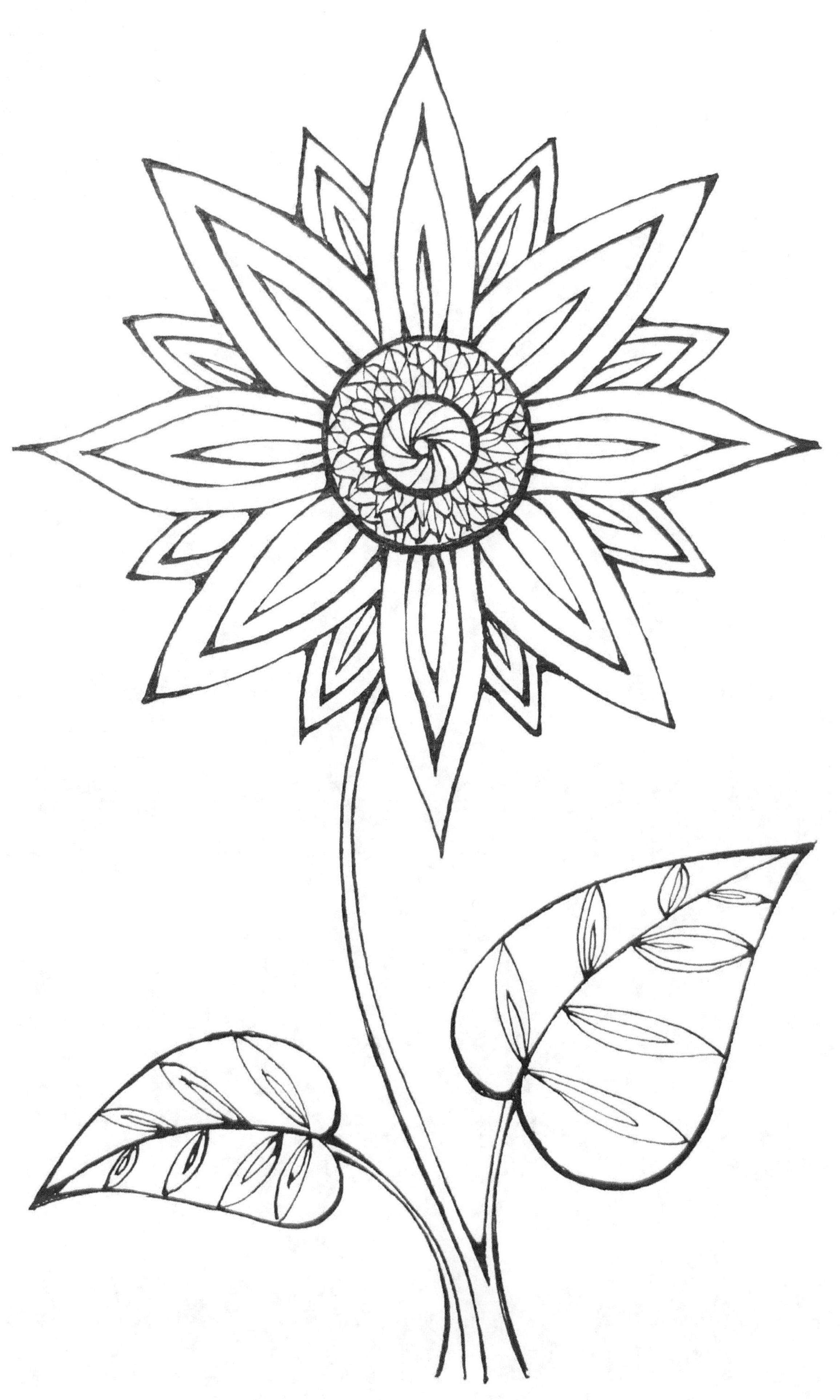

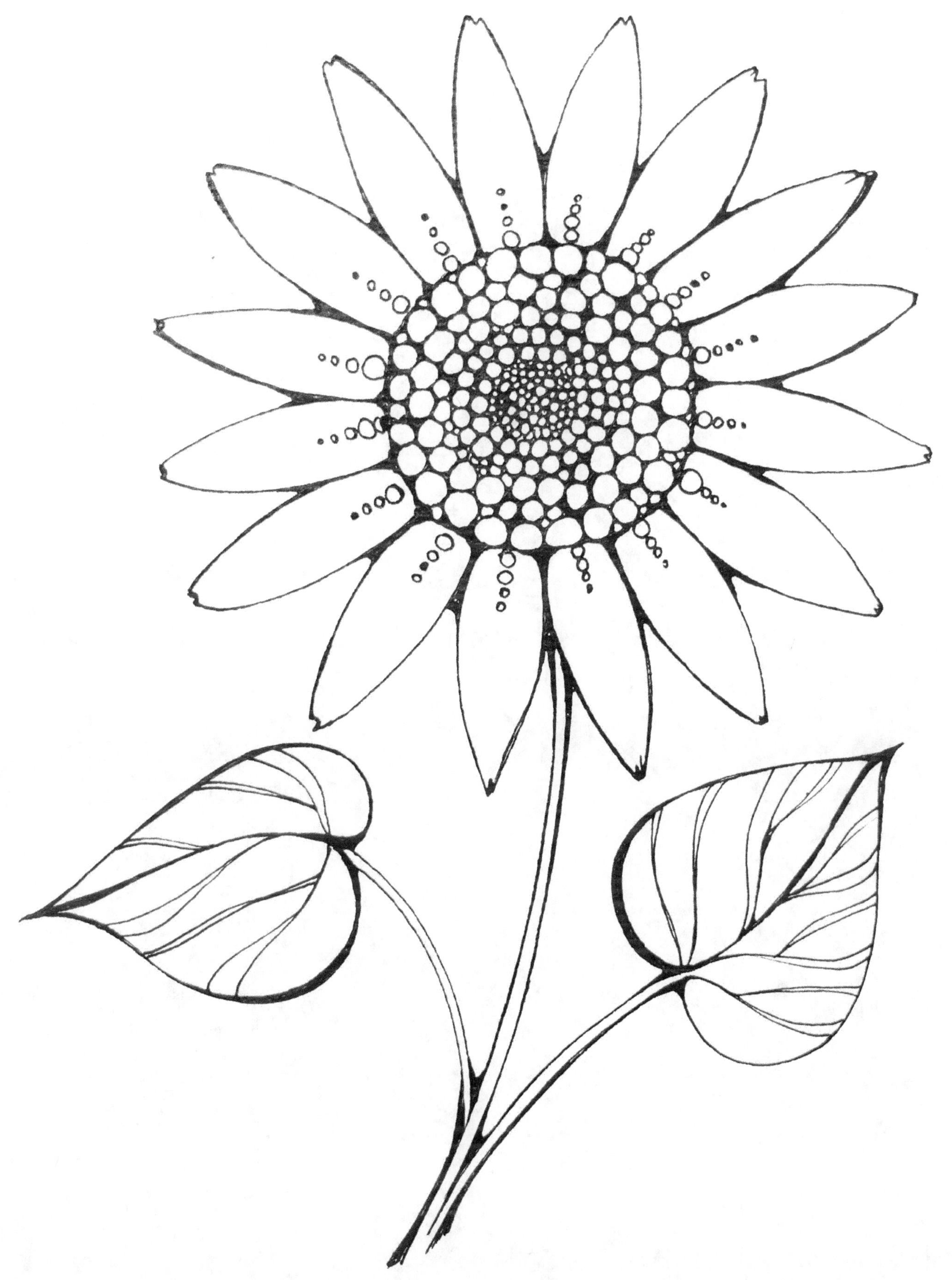

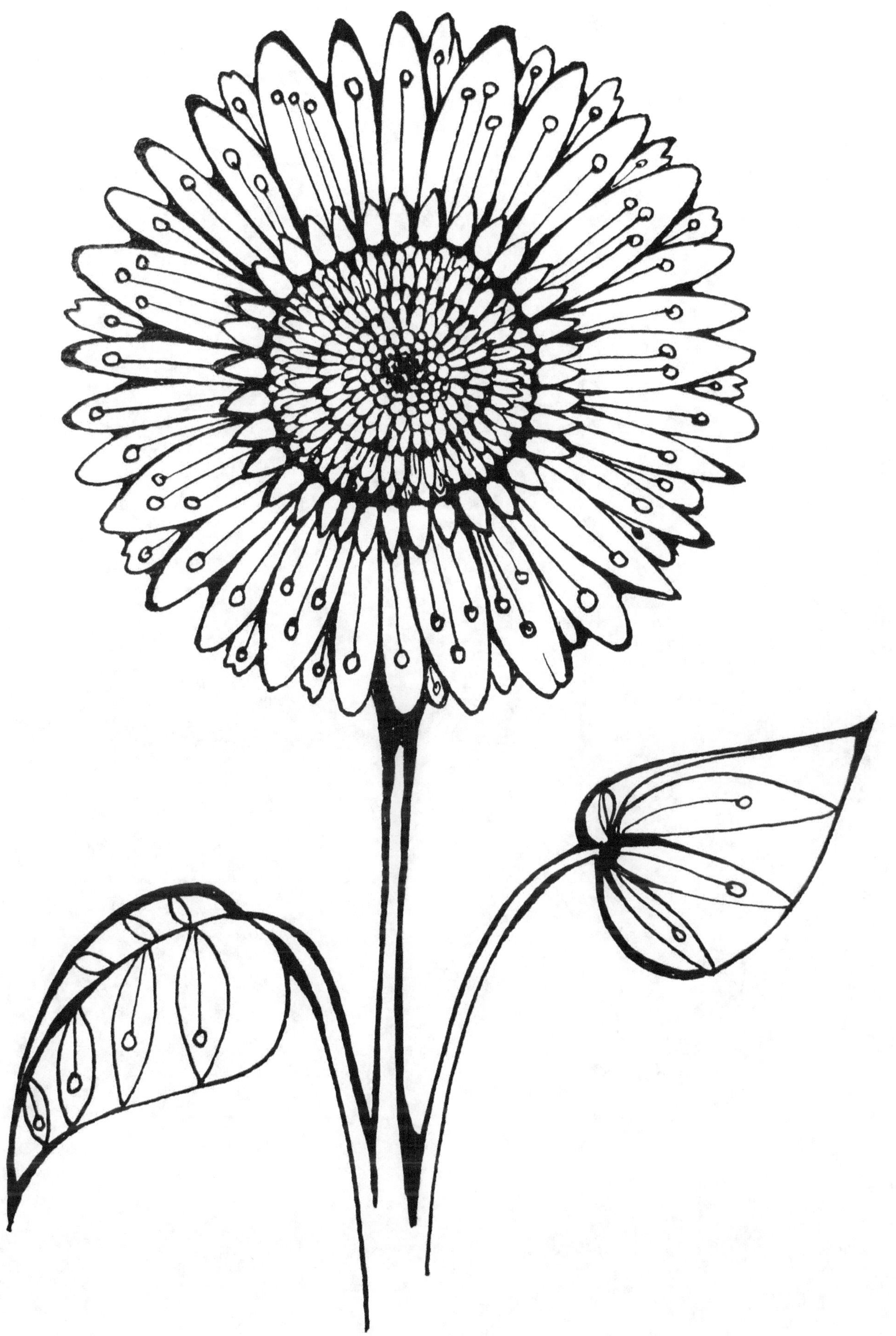

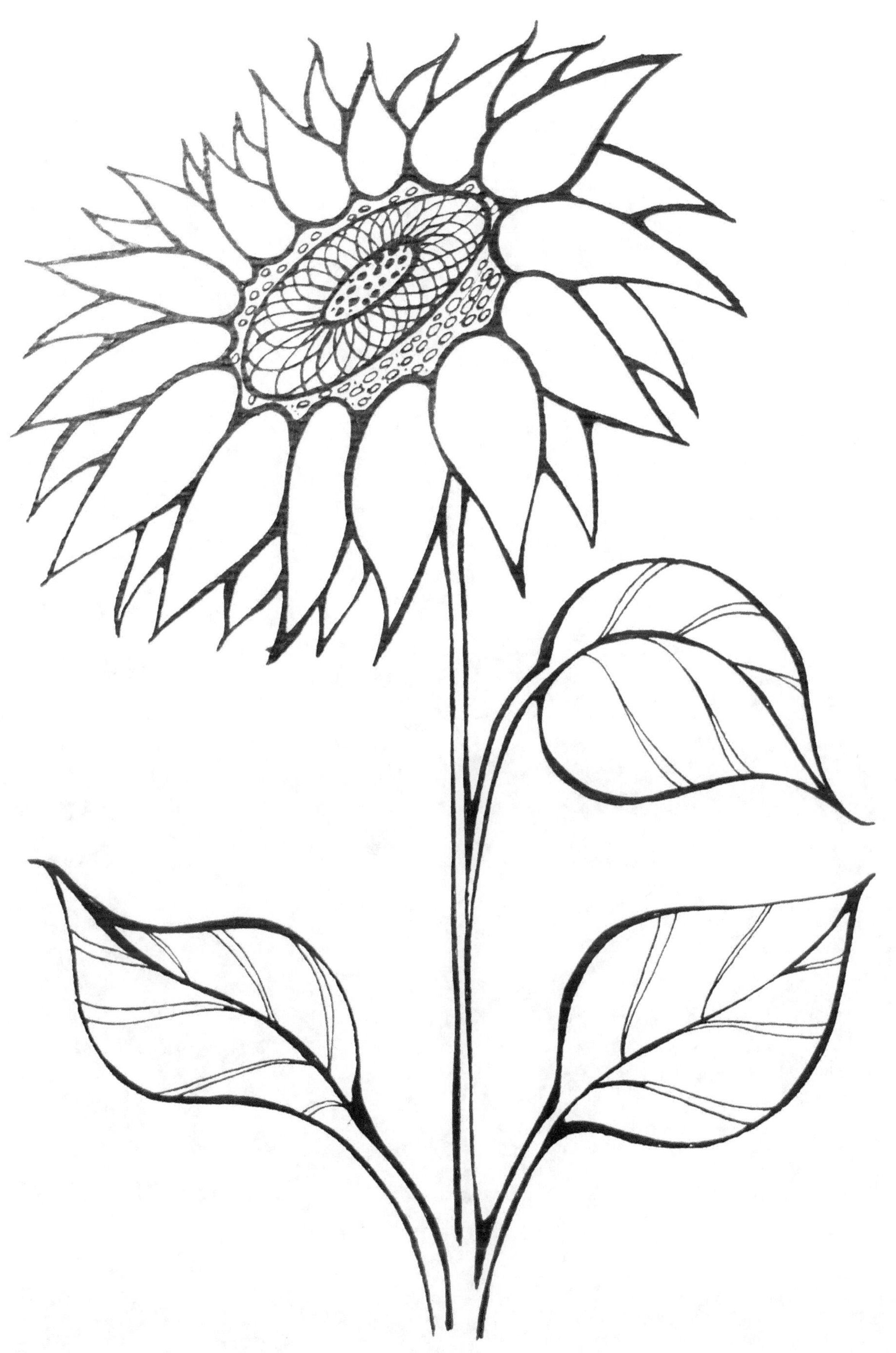

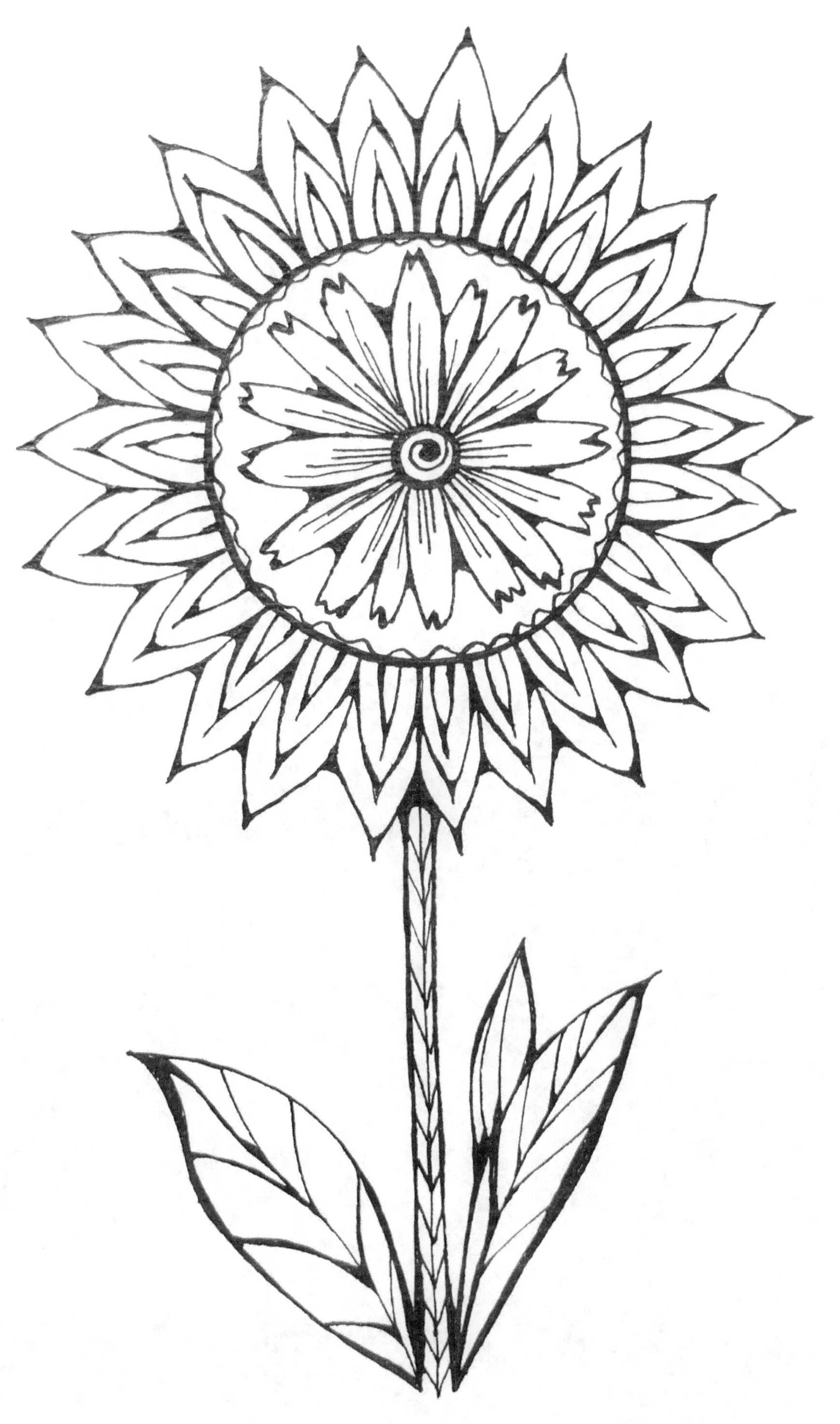

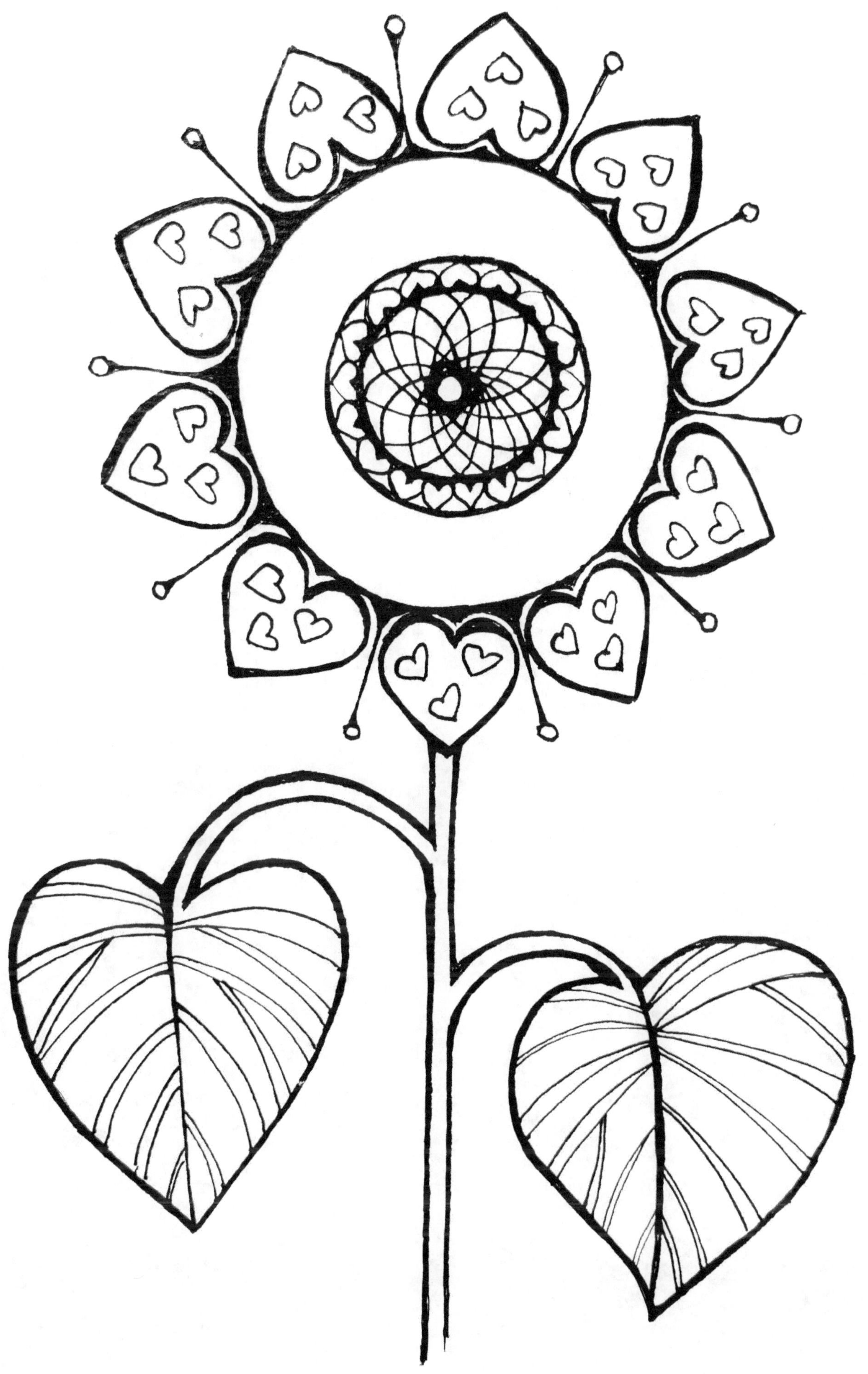

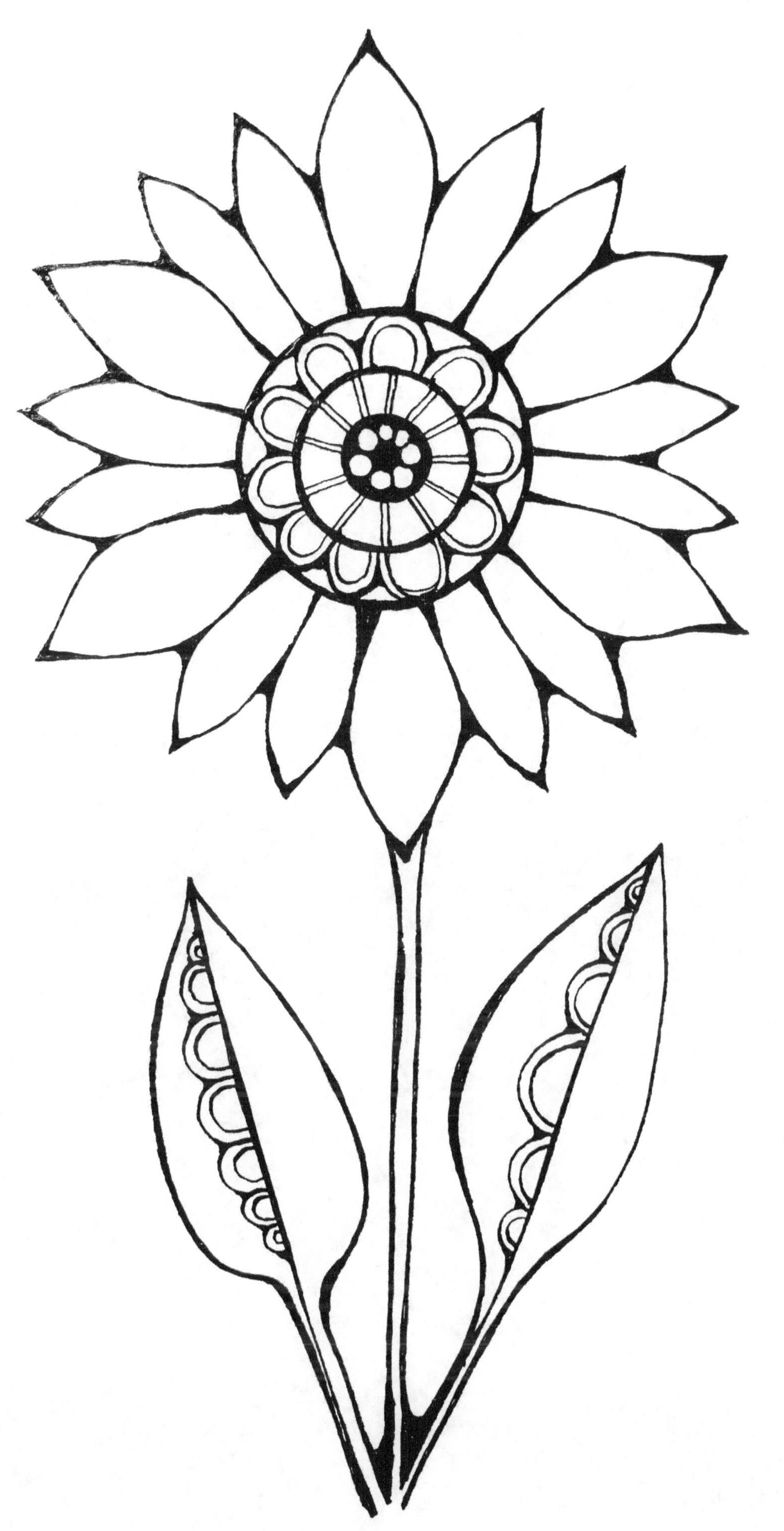

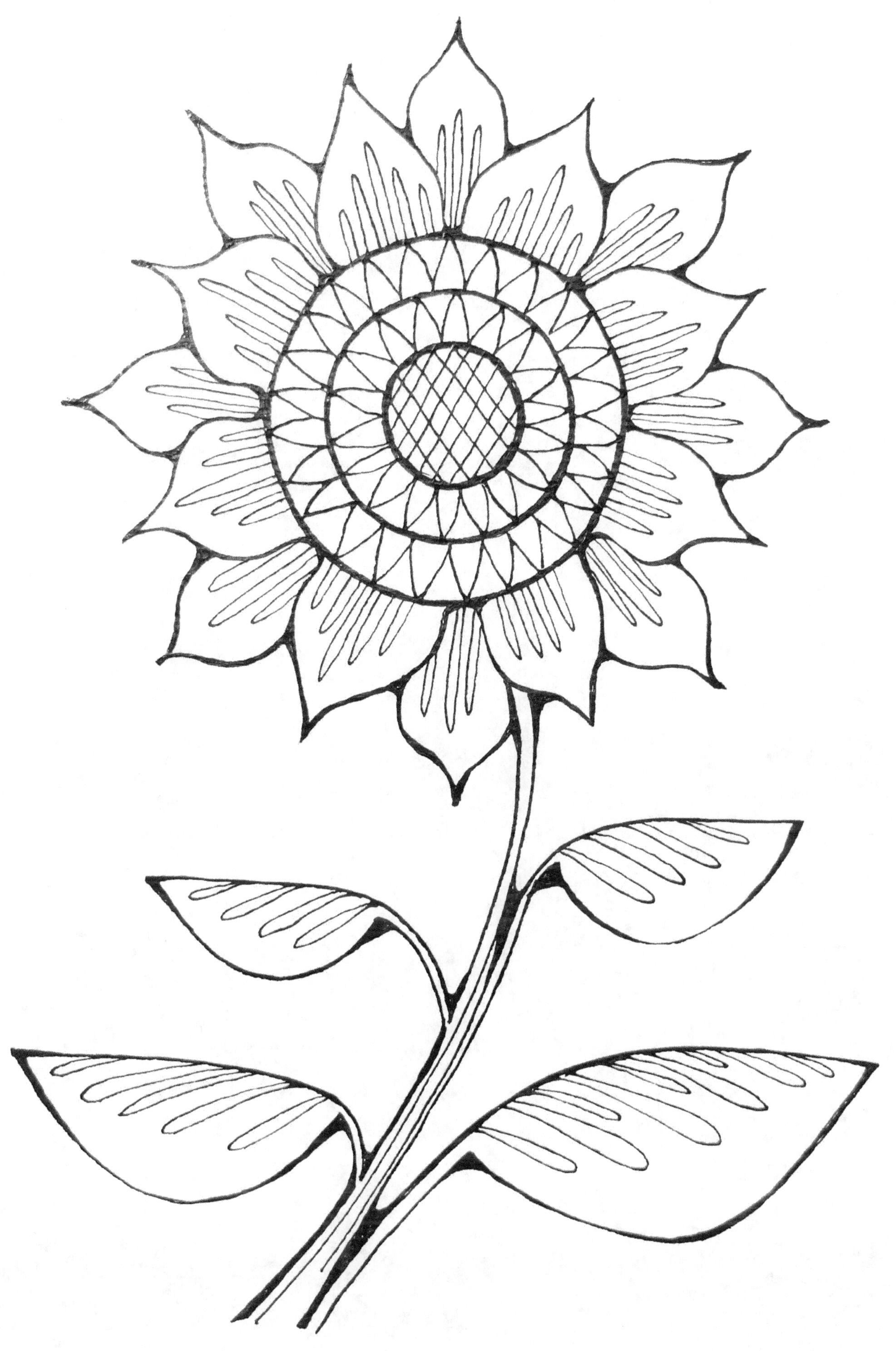

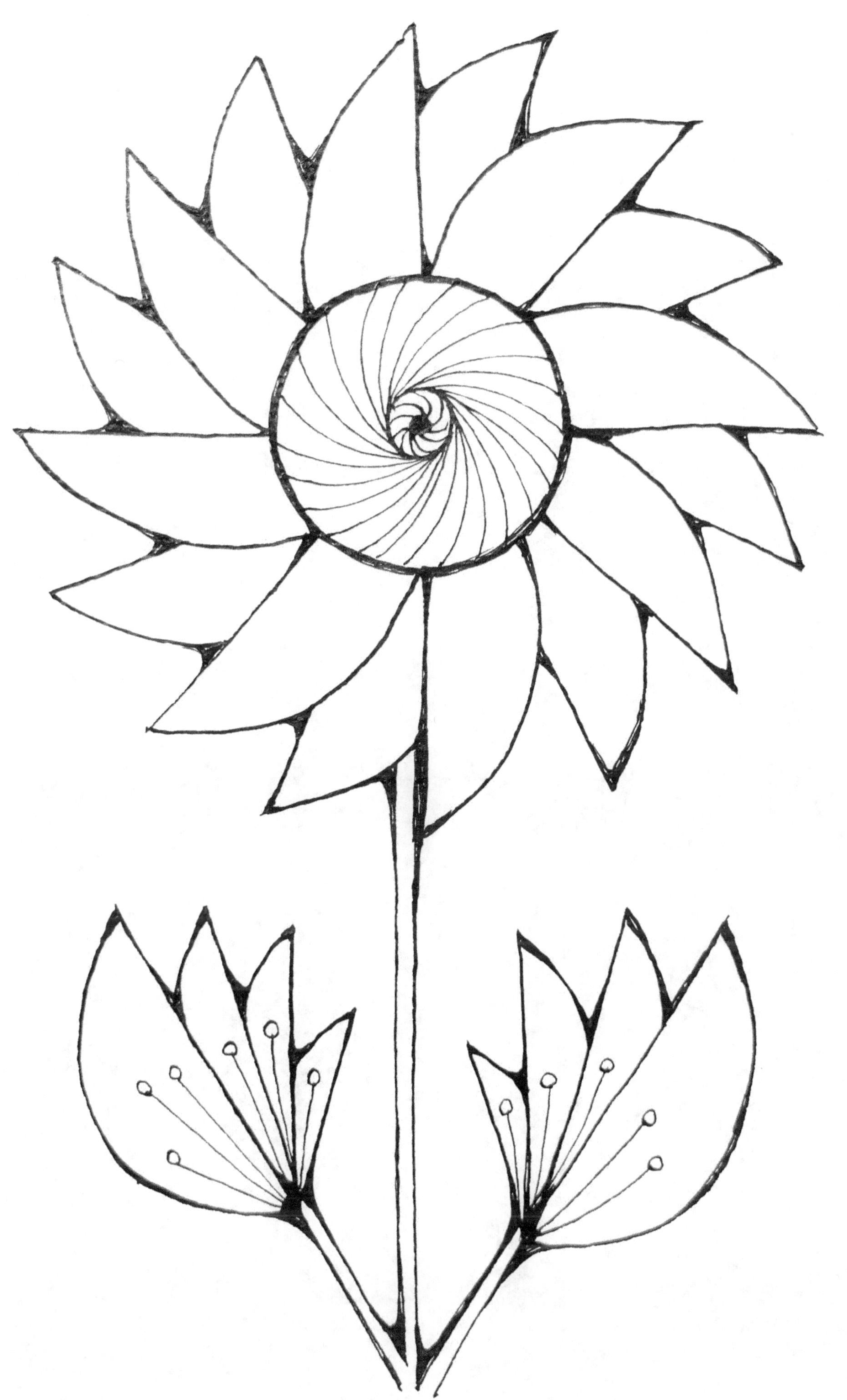

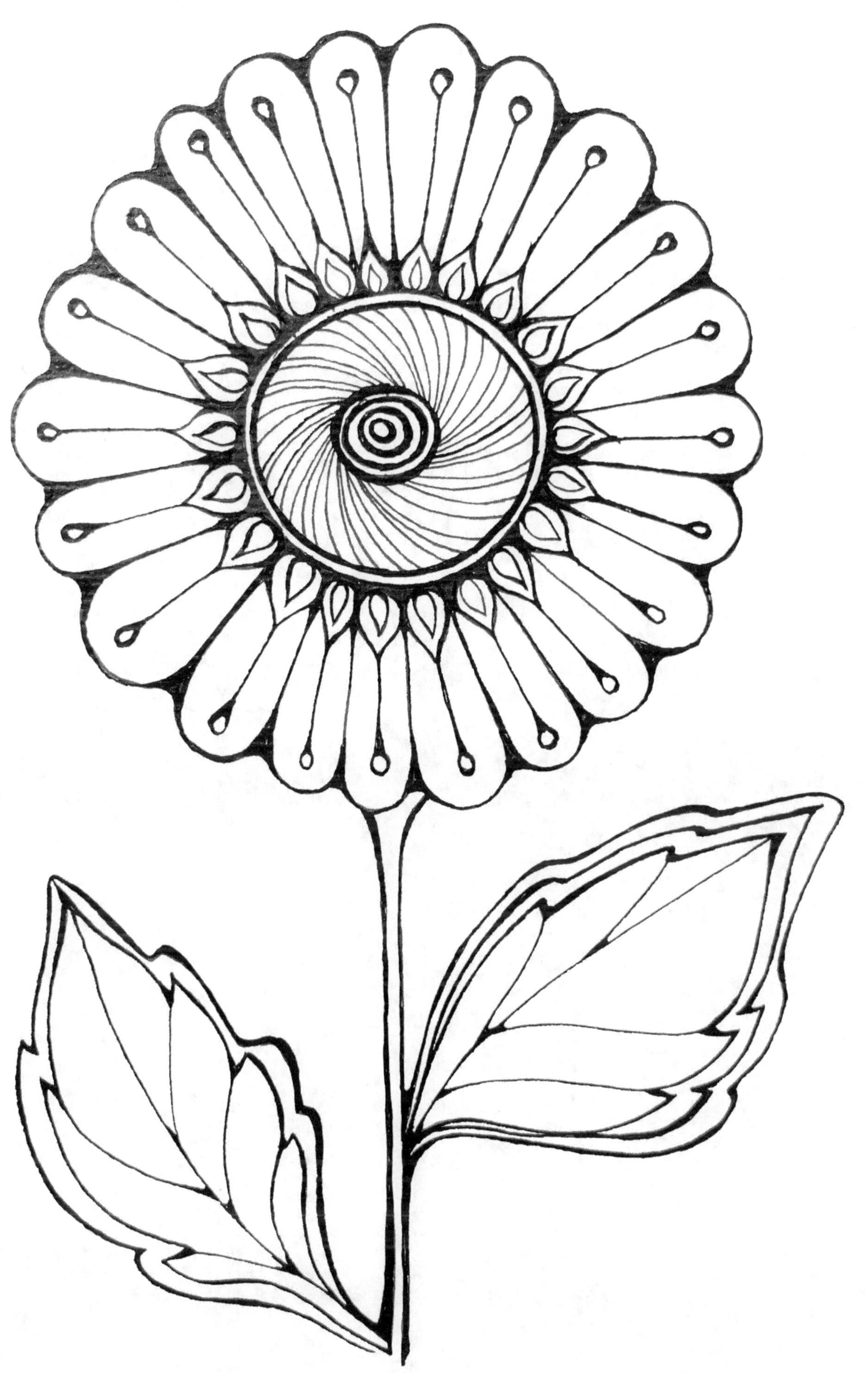

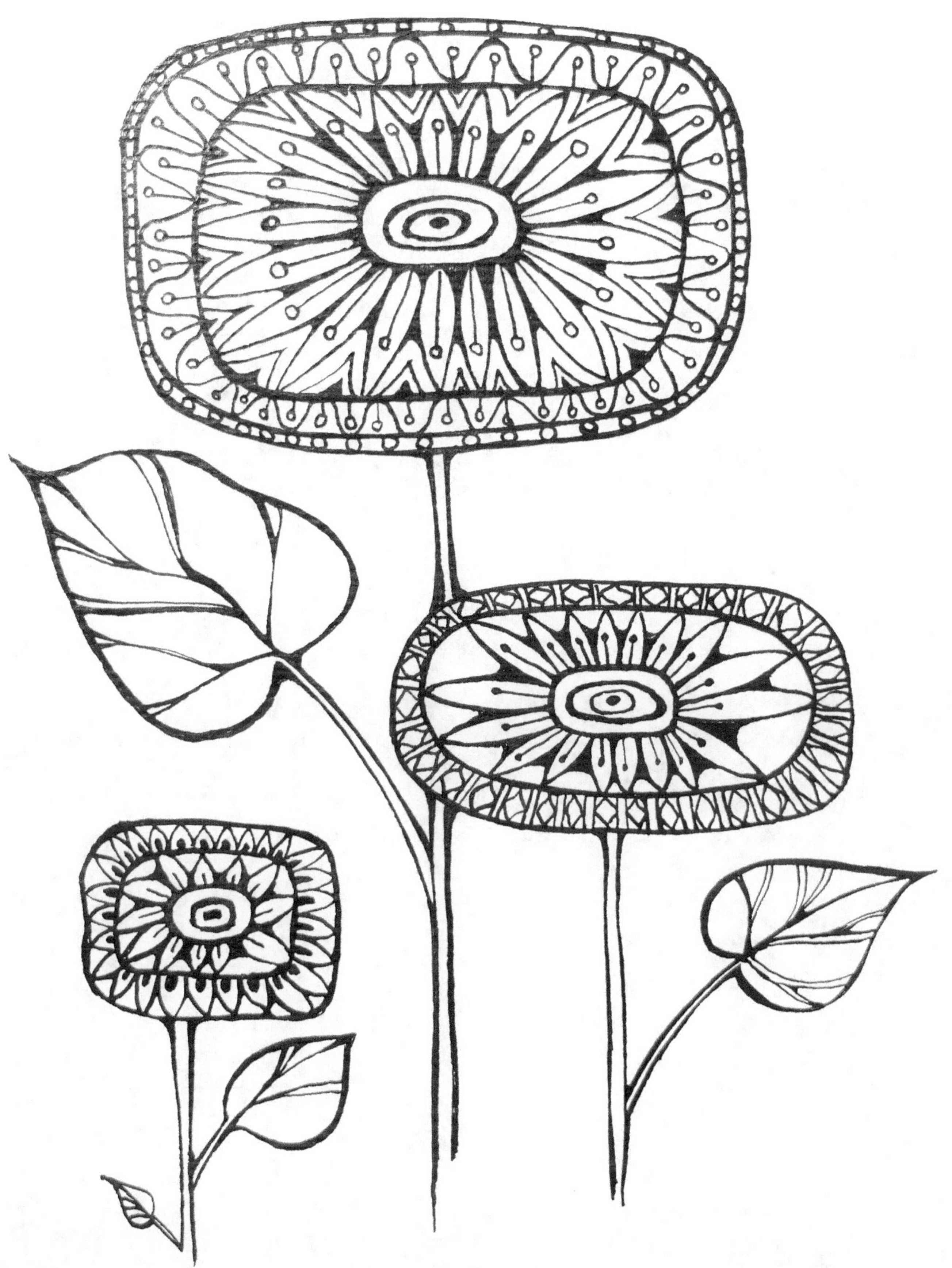

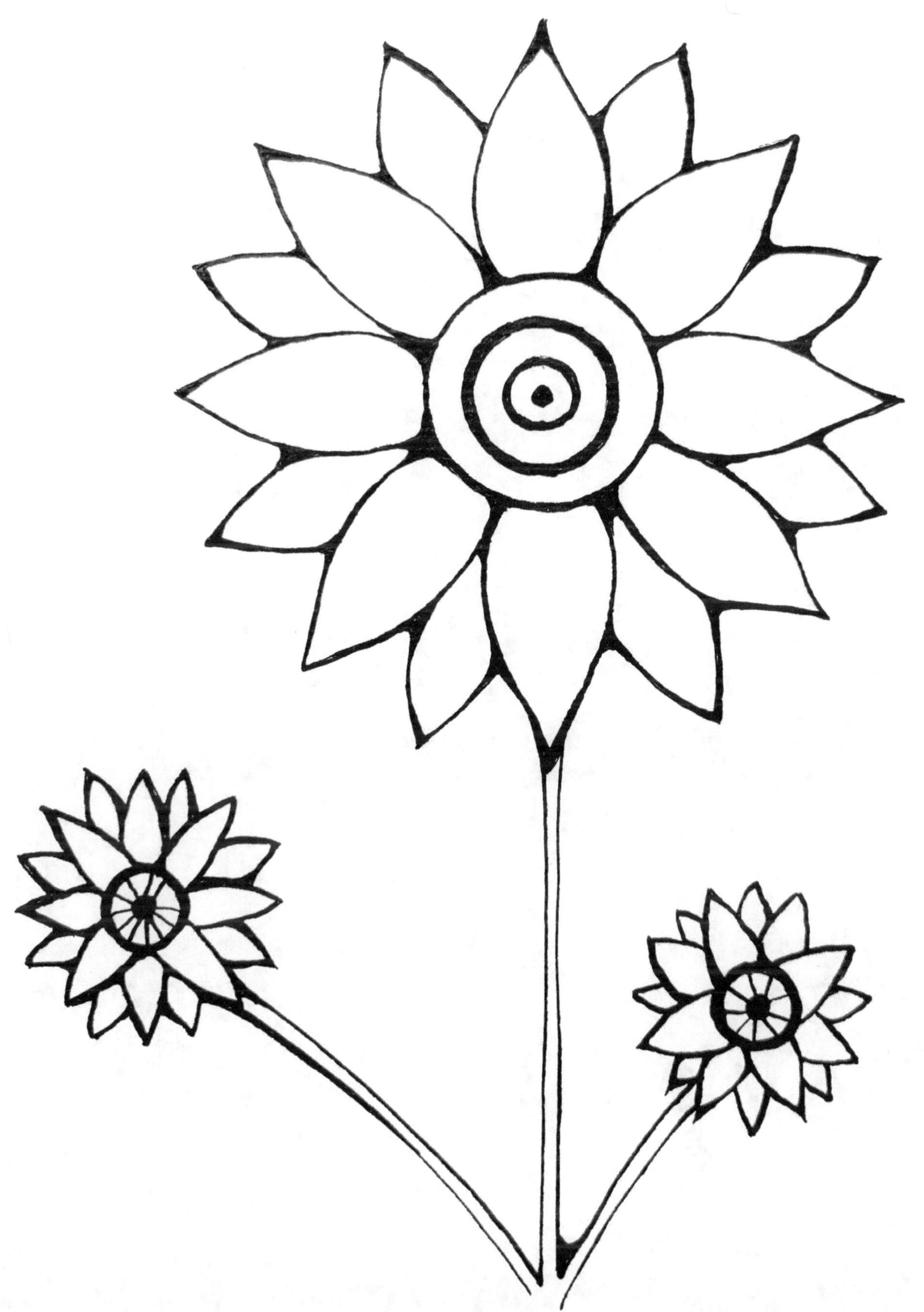

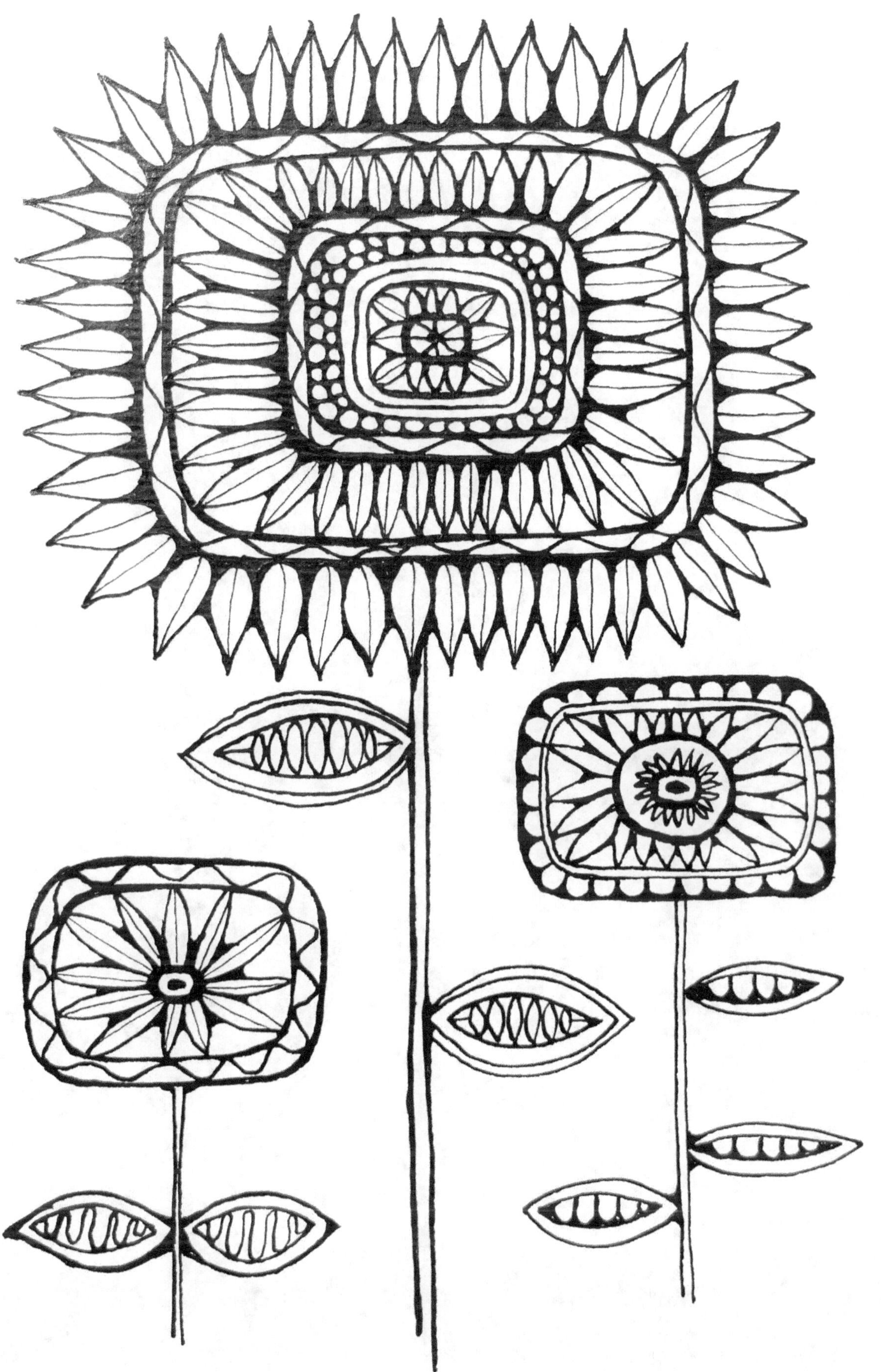

Download Free
5 extra drawings

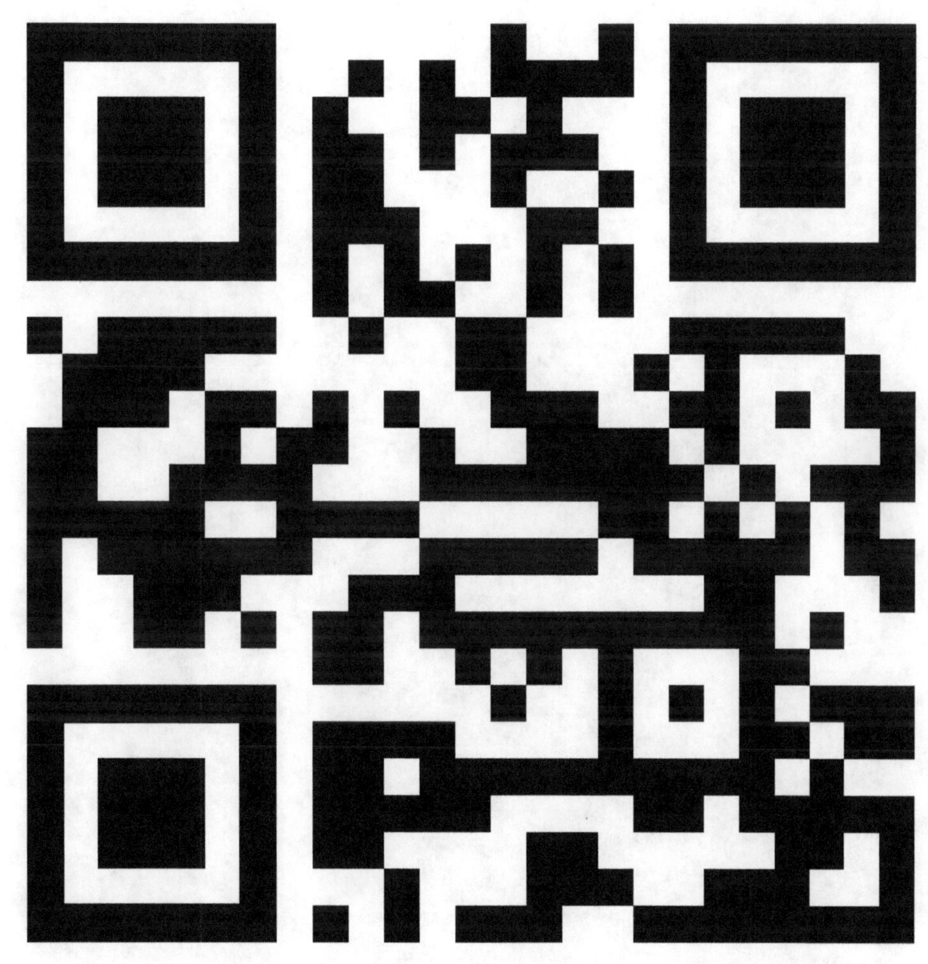

https://esviart.com/free/